생활 속 단어로 풀어낸 역사 한 편!

단어로 읽는
5분 세계사

단어로 읽는
5분 세계사

초판 1쇄 발행 2016년 5월 20일
초판 8쇄 발행 2020년 9월 13일

지은이 장한업
펴낸이 김종길
펴낸곳 글담출판사

편집 이은지 · 이경숙 · 김보라 · 김윤아
디자인 엄재선 · 손지원
마케팅 박용철 · 김상윤 **홍보** 정미진 · 김민지 **관리** 박인영

출판등록 1998년 12월 30일 제2013-000314호
주소 (04209) 서울시 마포구 월드컵로8길 41(서교동)
전화 (02)998-7030 **팩스** (02)998-7924
이메일 geuldam4u@naver.com **페이스북** www.facebook.com/geuldam4u
블로그 http://blog.naver.com/geuldam4u **인스타그램** geuldam

ISBN 979-11-86650-15-8 43900
책값은 표지에 있습니다.
잘못된 책은 바꾸어 드립니다.

이 도서의 국립중앙도서관 출판시도서목록(CIP)은 e-CIP홈페이지(http://www.nl.go.kr/ecip)와
국가자료공동목록시스템(http://www.nl.go.kr/kolisnet)에서 이용하실 수 있습니다. (CIP 제어번
호 : 2016010269)

글담출판에서는 참신한 발상, 따뜻한 시선을 가진 원고를 기다리고 있습니다. 원고는 글담출판 블
로그와 이메일을 이용해 보내주세요. 여러분의 소중한 경험과 지식을 나누세요.
블로그 http://blog.naver.com/geuldam4u **이메일** geuldam4u@naver.com

생활 속 단어로 풀어낸 역사 한 편!

단어로 읽는
5분 세계사

장한업 지음

글담출판

'어원'은 문화, 역사의 뿌리이자
과거와 현재의 연결고리

저는 대학에서 프랑스어를 가르치는 사람입니다. 2004년부터 약 7년간, 한국인이라면 알 만한 외국어와 외래어 600여 개를 선정해 이들의 뿌리를 조사하는 일도 했지요. 7년간 여기저기서 자료를 모으다 보니 어느새 방대한 자료가 되었고, 이것을 바탕으로 제가 몸담고 있는 대학에서 〈어원으로 문화 읽기〉라는 교양 강의도 개설하였습니다.

제가 생활 외국어와 외래어의 어원에 특별히 관심을 가지게 된 데에는 프랑스인의 자국어 사랑도 한몫했습니다. 프랑스 사람들은 자기 말을 정말 사랑합니다. 그들은 자기 말을 다듬기 위해 오래전부터 노력해 왔지요. 17세기 중엽부터 '아카데미 프랑세즈'라는 학술 기관을 만들어 프랑스어를 갈고 다듬었습니다. 이 기관은 혼란스러운 철자법과 발음 부호를 확정하고 이탈리아어나 영어와 같은 외래어의 오염으로부터 프랑스어를 지키는 파수꾼 역할을 했지요. 이러한 노력은 20세기 말에 시행된 투봉법으로 이어집니다. 이 법은 공문서는 물론이고 계약서나 광고문에도 프랑스어만 쓰도록 강제하고 모든 외국어는 프랑스어로 바꿔 쓰기를 권장하고 있지요.

그런데 우리나라는 어떤가요? 한국은 전 세계에서 유일하게, 자기 글을 만든 날을 공휴일로 정한 나라입니다. 이것만 보면 한국 사람들은 자기 글을 정말 사랑하는 사람처럼 보입니다. 그런데 실상은 정반대입니다. 방송, 잡지, 광고할 것 없이 영어를 비롯한 외국어 한마디 더 쓰지 못해 안달하고 있습니다. 참으로 안타까운 일입니다. 영어를 비롯한 외국어를 남용하면 그 자리에 쓰여야 할 한국어가 없어지기 때문입니다. 한국어가 빈곤해지면 한국 문화가 무너지고, 한국 문화가 무너지면 한국인의 정체성이 사라집니다. 자신의 정체성을 잃은 사람은 어디를 가도 제대로 대접을 받지 못합니다. 자신의 정체성을 잃은 나라는 결코 강대국이 될 수 없습니다. 따라서 외국어 사용을 최대한 자제하고 그 외국어 대신에 쓸 수 있는 한국어를 만들어 내어야 합니다. 그를 위해서는 외국어와 외래어들의 정확한 의미를 알아야 할 필요가 있습니다.

수년간 어원에 대해서 공부를 하다 보니 언제부턴가 단어가 저에게 미소를 짓기 시작했습니다. 이 세상 어느 단어도 이유 없이 생기지 않았습니다. 단어는 모두 자기의 고유한 역사와 이야기를 가지고 있어요. 인류의 이야기, 문화의 이야기이지요. 그것을 아는 사람은 모나리자의 미소와 같은 '단어의 은은한 미소'를 볼 수 있습니다. '단어의 미소'는 중국 화차花茶와 흡사합니다. 손마디 크기만큼 작은 말린 꽃 하나를 뜨거운 물에 담그면 어느새 크고 근사한 꽃이 되지요.

　어원語源도 마찬가지입니다. 그 속에는 인물이 등장하고 배경이 나오고 사건이 나타납니다. '샌드위치'에는 귀족 존 몬테규가 노름을 즐기는 모습이 나오고, '뷔페'를 통해서는 바이킹 족이 노략질한 물건을 배에 싣고 자기 마을로 돌아오는 모습이 그려지지요. 이처럼 어원을 알면, 단어가 어느새 인류의 역사 이야기로 보입니다. 이 책을 읽는 분들이 저처럼 역사 이야기를 읽고 '단어의 미소'까지 보신다면 더 큰 바람은 없을 것 같습니다.

　저는 2010년 다문화에 관심을 가지면서 어원 연구를 그만두었습니다. 이와 함께 제가 모아 둔 자료도 사장될 운명에 처했지요. 그러던 어느 날 글담 출판사에서 출판 제안을 해 왔습니다. 이 제의를 해 준

편집자 안아람 씨는 수 년 전에 저의 강의를 수강한 학생 중 한 명이었습니다. 저는 이 제안을 흔쾌히 수락했고 이 책이 이렇게 세상에 나와 빛을 볼 수 있었습니다. 이 점에 대해 출판사 관계자 분들께 심심한 감사를 드립니다.

2016년 5월
장 한 업

✦CONTENTS✦

2. 지중해 세계를 통일한 로마 제국

3. 중세 봉건 사회, 십자가를 사이에 둔 동서양

4. 학문과 문화가 꽃피운 르네상스

6. 프랑스 혁명으로 대표하는 저항의 역사

7. 산업 혁명으로 본격화된 근대화와 산업화 물결

8. 미국의 부상으로 시작된 현대 세계

I.
서양 문명의 기초,
그리스 세계

인류 최초 은행의 시작은
조그마한 탁자 하나로부터?

—

bank

은행

약 4000년 전 고대 바빌로니아 왕국 신전의 탁자에서
성직자들이 돈을 빌려주고 이자를 받던 것이
은행의 시작이에요.

'은행'이 영어로 뱅크bank인 것을 모르는 사람은 거의 없을 겁니다. 하지만 이 단어가 탁자를 의미하고, 공원에 놓인 벤치bench와 어원이 같다는 사실을 아는 사람도 거의 없을 겁니다. 뱅크는 '탁자'를 의미하는 고대 이탈리아어 방카banca에서 파생한 단어입니다. 그렇다면 어떻게 '탁자'가 오늘날 '은행'을 가리키게 된 것일까요?

은행의 역사부터 살펴보아요. 최초의 은행은 약 4000년 전 바빌로니아(고대 메소포타미아 문명 발상지의 동남쪽 지명)에 있었던 신전 은행이었다고 합니다. 이곳 성직자들은 사람들에게 담보물을 받아 대출을 해 주었고 그 내용을 일일이 적어 신전 기록실에 보관했다고 해요. 마치 오늘날 은행원처럼 말이에요.

당시 신전 안마당에는 벽에 고정해 놓은 의자나 탁자들이 있었어요. 물론 이 물건들의 본디 용도는 거기 걸터앉는 것이었지요. 그러나 가끔 그 위에 물건을 올려놓고 팔거나 교환하기도 했어요. 성직자와 사람들이 의자나 탁자를 이용해 은행 업무를 보기 시작한 거예요.

그 이후 시장에서 화폐를 사용하기 시작하면서 성직자들은 군주나 거상에게 돈을 빌려주고 이자를 받았어요. 곡물을 담보로 대출해 주거나 귀중품을 보관해 주는 대가로 수수료도 챙겼지요. 그뿐만 아니라 지방과 외국의 무역상들이 힘을 합쳐 투자를 하면 이익금을 나눠 주기도 했어요. 한마디로 말해 당시 신전 은행은 오늘날 은행과 거의 같은 일을 했답니다.

12세기 말에는 오늘날과 같은 민간 은행이 생겼어요. 기록에 따르면 1193년 이탈리아 피콜로미니 가문이 토스카나 지방의 시에나에 근대식 민간 은행을 세웠다고 해요. 시에나라는 지역은 프랑스에서 로마로 이어지는 무역로에 있어 은행업이 자연스럽게 발달할 수 있었던 곳이죠.

근대 은행업이 이탈리아에서 시작했기 때문일까요? 은행 업무와 관련된 용어들의 뿌리는 대부분 이탈리아어랍니다. 그중 하나가 '파산'을 의미하는 '방카 로타 banca rotta'지요. 방카banca는 앞서 언급했듯이 고대에 은행 업무를 보던 사람들이 앉았던 의자나 탁자를 말합니다. 로타rotta는 본디 '썩은'이라는 의미지만 여기서는 '부서진'이라는 뜻으로 쓰여요. 글자 그대로 해석하면 '부서진 탁자'이지요. 로타는 라틴어 룸페레rumpere에서 나왔어요. 룸페레는 '부수다'라는 뜻의 동사인데, 여기서 '부서진'이라는 의미의 과거 분사 룹투스ruptus가 나오지요. '파산'을 의미하는 영어 뱅크럽트bankrupt의 럽트rupt 또한 이 룹투스에서 나온 말입니다. '뱅크럽트'라는 말은 이탈리아어 '방카 로타'가 16세기 중엽 영어로 들어가면서 변화한 단어입니다.

그렇다면 왜 '부서진 탁자'가 '파산'을 뜻하게 되었을까요? 그 대답은 중세 이탈리아의 관행에서 찾을 수 있어요. 당시 은행 업무를 보던 사람들 중 일부는 무리한 투자나 대출로 채무를 지급할 수 없는 상태에 빠졌어요. 이 경우 그들은 업무를 보던 탁자를 부수어 자신의 상태를 나타냈고 이것이 파산을 선언하는 하나의 관행이 되었다고 합니다.

고대 문자 알파벳의 탄생은 거창하지 않았다?

—

alphabet
알파벳

알파벳은 그리스인들이
페니키아 문자를 수용하는 과정에서
단순하게 α와 β의 조합으로 만든 단어예요.

A   기원전 1200년 무렵 지중해에는 해상 활동을 활발히 펼치던 페니키아인들이 있었어요. 그들은 지중해 전역에 영향을 끼쳤는데 그리스도 예외는 아니었지요. 그리스인들은 특히 문자 체계와 관련해 많은 영향을 받아 자신들만의 문자를 만들 수 있었어요. 예를 들어 자음만 있었던 페니키아 문자를 모음이 많은 그리스어에서 차용하기 위해 각 발음의 끝에 a를 붙여 α(알파)와 β(베타)라는 형태로 받아들였지요. 이 α와 β는 요즘에도 수학 시간 등에서 많이 접하고 있어요.

그리스인들은 이 둘을 붙여서 알파베토스alphabētos라는 새로운 단어를 만들었지요. 이 단어는 라틴어로 들어가 알파베툼alphabetum이 되었고 16세기 영어로 들어가 오늘날 알파벳alphabet이 되었어요. 그러니까 알파벳은 고유한 뜻이 있지 않고 그냥 영어 A에 해당하는 'α'와 영어 B에 해당하는 'β'를 붙여 만든 단어일 뿐입니다. 또한 우리가 일반적으로 '영어만 알파벳'이라고 생각하는 것과 달리 자음과 모음을 각각 별도의 글자로 분리해서 쓰는 문자 체계를 통틀어 알파벳이라고 합니다. 러시아의 키릴 문자나 우리나라의 한글도 알파벳에 속하지요. 정확히 표현하면 영어의 자음과 모음 26자는 '라틴 알파벳'이랍니다.

알파벳은 그리스를 통해서 유럽 전역에 퍼졌지만, 그 수는 언어마다 조금씩 달라요. 영어는 26개이고, 에스파냐어는 27개, 러시아어는 36개지요. 철자의 수가 이렇게 다른 이유는 알파벳의 '한 소리 한 철자' 원칙과 관련이 있어요. 각 나라마다 소리의 수가 달라 문자의 수가 달라진 것이죠.

알파벳과 관련해서 흥미로운 이야기를 몇 가지 더 소개할게요. 초기

◆◆◆
당시 글을 쓰는 데 사용하는 파피루스나
양피지는 고가의 물건이었어요.

에는 오른쪽에서 왼쪽으로 알파벳을 썼어요. 중세 이전까지는 대문자만 사용했고요. 마지막으로, 수 세기 동안 알파벳에는 구두점이 없었답니다. 모든 단어를 빈칸 없이 다닥다닥 붙여 썼지요. 파피루스나 양피지와 같은 재료들을 아끼기 위해서예요. 당시에는 글을 쓰는 데 필요한 재료가 비쌌거든요. 그렇기에 고대의 문자를 해독하는 일은 영화 〈인디아나 존스〉의 존스 박사처럼 아주 소수의 전문가만이 할 수 있답니다.

우리나라 알파벳인 한글에 대해서 이야기해 볼까요? 한글은 만든 사람, 반포한 날짜, 창제 원리가 알려진 유일한 문자입니다. 그래서 서적 《훈민정음》은, 정확히 말해 《훈민정음 해례본》(국보 70호)은 유네스코 세계 기록 유산으로 등재되었지요. 우리는 이러한 한글에 자부심을 가지고 한글을 보전하는 데 노력해야 합니다. 지구 상에서 한글을 지킬 사람은 우리밖에 없으니까요.

고대 그리스 학생들의 학교생활은
왜 우리보다 즐거웠을까?

---

school
학교

학교의 어원인 그리스어 스콜레skhole는 '여가'를 지칭하던 말이었답니다.
고대 그리스 학교에서는 지적 논쟁뿐만 아니라
교육을 위한 여가 시간도 즐길 수 있었어요.

오늘날 학생들은 학교school가 본래 '여가'를 지칭하던 말이었다고 들으면 의아할 겁니다. 빡빡한 정규 수업에 야간 자율 학습까지 하는 한국의 학생들이라면 더욱 그럴 테지요. 그렇지만 이 단어의 어원인 그리스어 스콜레skhole는 분명 '여가'를 지칭하던 말이었어요.

고대 그리스 교육은 정규 교육과 비정규 교육으로 나뉘어요. 고용한 교사가 하는 개인 교습 또는 공공 학교 수업을 '정규 교육'이라고 하고, 교육자라고 자처하는 지식인들이 특정 개인을 대상으로 하는 교육을 '비정규 교육'이라고 해요. 고대 그리스의 작가 호메로스의 대서사시 《일리아드》에는 포이닉스가 아킬레우스의 스승으로 등장합니다. 펠레우스(아킬레우스의 아버지)의 부탁으로 아킬레우스에게 정치와 외교를 가르치지요. 이처럼 고대 그리스 교육은 문학 교사가 문학을 가르치고 철학 교사가 철학을 가르치는 식의 개인 교습이 주를 이루었어요.

개인 교사가 집에 와서 가르치는 시간 동안 학생은 '여가'를 즐길 수 없었어요. 교사가 지켜보고 있는데 딴생각, 딴짓을 하기는 어려웠기 때문이지요. 하지만 한 명의 교사가 여러 학생을 한곳에 모아 놓고 가르치면 학생들은 눈치껏 여유를 부릴 수 있었어요. 집합 교육은 학생들에게 일종의 '여가'와 같았지요. 그래서 그리스 사람들은 집합 교육을 '스쿨school'이라고 부른 겁니다. '여가'를 뜻하던 '스쿨'은 서서히 '지적 논쟁이나 교육을 위한 여가'로 의미가 바뀌었다가 최근에는 이것을 위해 모이는 장소를 일컫게 되었어요.

배움을 즐거운 일이라고 여기면 떠오르는 문구가 있어요. '학이시습지 불역열호學而時習之, 不亦說乎?'예요. '무언가를 배우고 때맞추어 복습

❖❖❖
아킬레우스는 트로이 전쟁을 그리스군의 승리로 이끈 영웅이에요.

한다면 역시 기쁘지 않겠느냐?'라는 말이지요. 약 2500년 전에 살았던 공자가 남긴 이 말은 지금 생각해도 참으로 멋지고 옳은 것 같아요.

본래 뜻을 생각하면 학교는 여가 시간과 같이 즐거운 곳이어야 합니다. 그런데 최근 들어 학교 교육의 즐거움이 점점 사라지고 있어요. 요즘 배우고 익히는 것이 즐겁다고 말하는 학생이 몇 명이나 될까요? 아마 많지 않을 겁니다. 특히 대도시에 사는 학생들은 학교에서 배울 것을 학원이나 과외 교사에게 이미 다 배웠기 때문에 더욱 그럴 거예요. 그러니 학교에서는 새로 배우는 즐거움을 못 느끼는 겁니다. 친구들과 함께하는 생활도 즐겁지 않습니다. 성적을 등급별로 매기기 때문에 친구들과 경쟁을 하지 않을 수 없어요. '왕따' 문화가 심해 학교에서 보내는 하루하루가 고통스러운 학생도 적지 않다고 하니 더욱 걱정입니다. 이러니 공교육 상실, 교실 붕괴라는 말이 여기저기서 나오는 것이지요. 가능한 한 빠른 시일 내에 우리나라의 학교가 지금의 일그러진 모습에서 벗어나, 어원대로 '배우는 여가'를 즐길 수 있는 곳으로 거듭나면 좋겠어요.

어떤 교육이 진정한 교육일까?

영어 에듀케이션education을 우리는 '교육'이라고 번역해요. 흔히 '지식과 기술 따위를 가르치며 인격을 길러 주는 일'이라고 정의하고요. 달리 말하자면 교육은 지식과 인격을 갖추도록 도와주는 일입니다.

에듀케이션의 본래 의미는 무엇일까요? 이 단어의 어원은 라틴어 동사 에두카레educare예요. '밖으로'라는 뜻의 '에e-'와 '끄집어내다'라는 뜻의 '두카레ducare'로 이루어진 말로, '밖으로 끄집어내다.'라는 의미이지요. 비슷한 의미로 동사 에두케레educere가 있는데, '끄집어내는' 대상이 다르답니다. 전자인 에두카레는 정신적 잠재력을, 후자인 에두케레는 육체적 잠재력을 끄집어내는 것이죠. 전자가 교육이라면 후자는 양육에 가까워요.

에두카레에서 나온 명사 에두카시오넴educationem이 중세에 프랑스어를 거쳐 16세기 영어로 들어가 에듀케이션이 되었답니다. 초기에는 사회 규범과 예절 교육을 의미하다가 1610년부터 '직업을 위한 체계적인 학업과 훈련'을 일컫는 말로 쓰이게 되었어요.

인류 최초의 대학은
언덕 위에서 탄생했다?

academy
아카데미

아카데미의 어원 아카데메이아akademeia는
아카데무스의 동산이라는 뜻으로,
플라톤이 아카데무스 동산 위에 설립한 인류 최초의 대학을 말해요.

프랑스의 인류학자 클로드 레비 스트로스는 인류 역사를 아래와 같이 표현했어요.

태초에 숲이 있었고 오두막이 지어졌다. 다음으로 마을과 도시가 생겨났고 마지막으로 아카데미가 탄생했다.

위의 아카데미academy가 고대 그리스의 것인지 프랑스의 것인지는 확실히 알 수 없지만, '학문의 전당'을 가리키는 것은 분명합니다.

아카데미는 그리스 신화에 나오는 아카데무스Akademus의 이름에서 따온 말입니다. 어원상으로 '아카데무스의 동산'을 뜻하는 그리스어 아카데메이아akademeia가 라틴어로 들어가 아카데미아academia로 변화했고 15세기 영어에서 아카데미가 되었지요.

아카데무스의 동산이 어떻게 오늘날 아카데미가 되었을까요?《플루타르크 영웅전》중 아테네 영웅 테세우스 편에 아카데미와 관련된 이야기가 나옵니다. 테세우스와 페리토오스는 스파르타 신전에서 춤을 추고 있던 헬레네를 보고 납치를 해요. 곧바로 추격자들이 무기를 들고 그들 뒤를 쫓았지만 둘은 테세우스의 고향이 있는 펠로폰네소스 반도로 도망치는 데 성공하지요. 두 사람은 누가 헬레네를 아내로 맞이할지 제비뽑기로 결정짓기로 해요. 결국 테세우스가 이겨 헬레네를 데려가지요. 하지만 50살인 자기가 12살밖에 안 되는 헬레네와 바로 결혼하기는 어려워 사람들을 시켜 헬레네를 잘 보살피게 합니다. 어느 누구도 헬레네가 어디에 있는지 발설하지 않도록 명령하고요.

얼마 지나지 않아 헬레네의 쌍둥이 형제인 카스토르와 폴리데우케스가 군사를 이끌고 와 헬레네를 내놓으라고 요구합니다. 아테네 사람들은 당연히 헬레네가 어디에 있는지 아무도 모른다고 대답하지요. 이에 분노한 두 사람이 아테네를 공격하려 마음을 먹자, 아카데무스가 나타나 그녀가 있는 곳을 말해 줘요. 이 인연으로 쌍둥이 형제는 아카데무스를 평생 동안 공경하지요. 스파르타가 아테네를 침공할 때도 아카데무스가 살던 아카데메이아는 건드리지 않았다고 합니다.

　그리스 철학자 플라톤은 아카데무스가 살던 동산에 사람들을 모아 놓고 철학, 천문학, 수학, 생물학 등을 가르쳤어요. 아리스토텔레스 같은 훌륭한 인재를 배출한 이 학문의 전당은 529년 동로마 제국의 유스티니아누스 대제가 폐교시킬 때까지 이어졌어요. 이것이 중세 이후 유럽에서 다시 부활해 오늘날 아카데미로 이어지고 있지요.

　서양과 비교하면 한국에서는 '아카데미'라는 말을 너무 가볍게 쓰는 것 같아요. 미술, 음악, 의상, 입시 등 분야를 가리지 않고 웬만한 학원들 이름에 툭하면 이 단어를 붙이니까요. 학원도 사람들을 모아 가르치는 기관이니 '아카데미'라고 하지 못할 이유는 없지만, 듣는 사람 입장에서 씁쓸하게 느껴지는 것은 왜일까요? 참고로 프랑스에서 아카데미라고 하면 국가 최고의 학술 기관인 아카데미 프랑세즈를 말하거나 각 시도에 있는 교육청을 의미합니다. 1635년에 설립된 아카데미 프랑세즈에는 문학가, 과학자, 사회학자, 철학자, 의사 등 프랑스 최고의 지성인들이 속해 있어요. 그곳의 회원은 선거를 통해 선출되며, 그들 모두 프랑스 국민들에게 존경을 받는 사람들이랍니다.

기하학을 모르는 자는 들어오지 마라.
(아카데메이아 입구에 새겨진 문구)

플라톤이 만든 인류 최초의 대학 아카데메이아는 그리스 지성의 산실이었어요.

뒤풀이가 고대 그리스부터 이어진
뿌리 깊은 전통이라고?

---

symposium
심포지엄

고대 그리스 지성인들은 모임을 할 때마다
술을 마시며 이야기를 나눴어요.
이를 배경으로 만들어진 책이 바로 플라톤의 《향연》이랍니다.

심포지엄symposium은 한 주제에 대해 두 사람 이상의 전문가가 의견을 나누고 참석자의 질문에 답하는 형식인 학술 토론을 말합니다. 행사 후에는 보통 술을 마시며 친교의 시간을 갖는데 이를 거북하게 생각하는 사람들도 있을 겁니다. 심포지엄의 본래 의미를 퇴색시킨다고요. 그런데 거북해할 필요가 없어요. 어원상으로는 심포지엄이 '함께 술을 마시는 것'을 의미하거든요.

심포지엄의 어원은 그리스어 심포시온symposion입니다. 심sym-은 '같이'라는 뜻이고, 포시온posion은 '술을 마심'이라는 뜻이에요. 의역을 하자면 '학자들이 화기애애하게 술을 마시는 모임' 정도가 될 것 같네요. 심포시온이 라틴어에서 심포지엄symposium으로 변화해 16세기 영어를 거쳐 오늘날까지 그대로 쓰이고 있지요.

심포지엄의 정확한 의미를 알려면 고대 그리스의 사회 모임을 살펴볼 필요가 있어요. 당시 모임은 보통 두 부분으로 나뉘었습니다. 먼저 연회에서 식사를 하고 그 후 식탁이 정리되면 곧바로 주연을 열었지요. 이 주연을 그리스어로 심포시온이라고 불렀어요. 여기에 초대받은 사람들은 재담, 시 낭송 또는 악기 연주 등으로 흥을 돋우었지요. 주연에 대한 기록은 플라톤의 《향연》에 많이 남아 있어요. 이 책의 내용은 비극 시인 아가톤의 집에 모인 사람들의 이야기로, 철학자 소크라테스, 희극 시인 아리스토파네스, 의학자 에뤽시마코스를 비롯한 여러 사람들이 지적 향연을 벌입니다.

함께 식사를 하고 의례적인 절차를 마친 후 본격적인 향연 행사 즉 술

◆◆◆
고대 그리스의 심포시온에선
술과 함께 철학적 논의가 활발
하게 이루어졌어요.

판을 벌일 참인데, 파우사니아스가 전날 과음 때문에 술은 피하고 싶다
고 말을 꺼낸다. 그를 시작으로 하여 아리스토파네스, 에뤽시마코스, 파
이드로스가 한마디씩 거들면서 합의가 이루어지고 결국 에뤽시마코스
가 술은 자율적으로 마시고 이야기로 즐기자는 제안을 하게 된다.*

　이처럼 고대 그리스 시대의 수준 높은 주연에서는 음주를 어디까지
나 부차적인 것으로 생각했고 주어진 주제에 대한 철학적 논의를 가
장 중요하게 여겼어요.
　18세기 이전까지 영국 사람들은 고대 그리스 시대의 이러한 모임을
언급하며 선망했어요. 18세기부터는 그와 비견할 만한 당대의 모임들
을 만들어 가기 시작했죠. 그곳에서는 양질의 술로 분위기를 고조시
킨 다음 흥미로운 토론을 벌였답니다. 새뮤얼 존슨 박사가 이끄는 유
명한 문학 클럽의 회원이었던 존 호킨스는 1787년 자신의 자서전에서
당시 모임을 '심포지엄'이라고 소개했어요. 고대 그리스의 심포시온이

* 플라톤 지음, 강철웅 옮김,《향연》, 이제이북스 2014, P11

영국에서 부활한 것이죠.

19세기에 접어들면서 심포지엄의 사교적 측면은 서서히 사라집니다. 특정 주제에 대한 다양한 의견과 관점을 들어 보는 공적인 성격의 학술 대회로만 인식되기 시작하지요.

한국인들은 아직까지도 고대 그리스의 전통을 잘 지키는 것 같아요. 최근에는 많이 줄었다고 하지만, 여전히 많은 사람들이 심포지엄 후에 같이 저녁을 먹고 술을 마시며 '뒤풀이'를 하고 있으니까요.

그리스 신화에 '멘토'는 있지만 '멘티'는 없었다?

---

mentor
멘토

멘토는 그리스 신화 속 가장 유명한 스승이에요.
반면에 멘티는 신화 어디에서도 찾을 수 없는 인물로,
공식 사전에 없는 단어랍니다.

요즈음 유행하는 단어 중 하나는 멘토mentor입니다. 대개 현명한 '조언자'라는 뜻으로 사용하고 있지요. 이와 함께 '멘티mentee'라는 말도 많이 씁니다. '조언을 듣는 사람'을 뜻하지요. 인간의 지식과 경험은 유한한 것이기에 지식과 경험이 풍부한 사람에게서 조언을 듣는 모습은 참으로 아름답습니다.

한 가지 아쉬운 점은 멘토와 멘티라는 용어를 둘러싼 무지와 오해입니다. 멘티는 공식 영어가 아니에요. 사람들이 인위로 만든 단어일 뿐입니다. 보통 영어 접미사 '-or'은 주로 '-하는 사람'을 나타내고, 접미사 '-ee'는 '-당하는 사람'을 나타냅니다. 사람들은 멘토에서 '-or'을 접미사로 보고 ment에다 '-ee'를 붙여 멘티를 만들었지요. 기발한 생각이지만, ment라는 단어가 따로 있다고 생각하지는 말아야 해요.

대부분의 사람들은 멘토가 신화에 나오는 사람의 이름에서 비롯되었다는 사실을 잘 모릅니다. 고대 그리스 이타카 섬의 왕 오디세우스가 트로이 전쟁을 떠나며 친구 멘토르Mentor에게 자신의 아들 텔레마코스의 교육을 맡깁니다. 그는 오디세우스가 전쟁에서 돌아오기까지 친구이자 선생님, 상담자, 때로는 아버지가 되어 텔레마코스를 잘 돌보아 주었고, 덕분에 텔레마코스는 아주 훌륭한 청년으로 자랐어요.

이후로 멘토르라는 이름은 지혜와 신뢰로 한 사람의 인생을 이끌어 주는 지도자라는 의미로 널리 사용되었어요. 따라서 멘토는 경험 많은 사람으로서 상대방의 잠재력을 알아보고, 그가 자신의 분야에서 꿈과 희망을 이루도록 도움을 주는 교사, 선배, 후원자, 스승과 같은 사람을 말합니다. 멘토의 유래가 멘토르니 발음도 '멘토'보다는 '멘토르'

❖❖❖
멘토르는 가까운 친구이자 선생님, 때로
는 아버지가 되어 텔레마코스를 올바른
길로 이끈 신화 속 인물입니다.

라고 하는 것은 어떨까요? 실제로 인터넷에서는 '멘토'와 '멘토르'라는
두 가지 표현이 모두 쓰이고 있어요.

여러분에겐 몇 명의 멘토가 있나요? 독특하게 여러분은 많은 고민
을 인터넷으로 해결하지요. 물론 인터넷도 잘 이용하면 훌륭한 멘토
가 될 수 있어요. 인터넷에 어떤 질문을 올리면 많은 사람이 대답을 해
주고, 그중 일부는 믿을 만하지요. 하지만 익명성 때문에 그들을 전적
으로 신뢰하기는 어려워요. 진정한 조언은 상대방의 상황을 정확히
이해하는 가운데 나오는 것이지 모르는 사람들끼리의 단답식 질문과
대화로는 얻기가 힘듭니다.

지금이라도 주위에서 자신에게 좋은 멘토가 될 수 있는 사람을 찾
아보세요. '세 사람이 길을 같이 가면 반드시 스승으로 받들 사람이 있
다.'라는 뜻의 '삼인행 필유아사三人行必有我師'라는 말처럼 주변에 본받
을 만한 사람이 있을 거예요. 부모님은 가장 훌륭한 멘토가 될 수 있답
니다. 너무 가까이 있는 분들이라 때로는 거북하겠지만, 부모님만큼
여러분을 잘 알고 사랑하는 사람은 없으니까요.

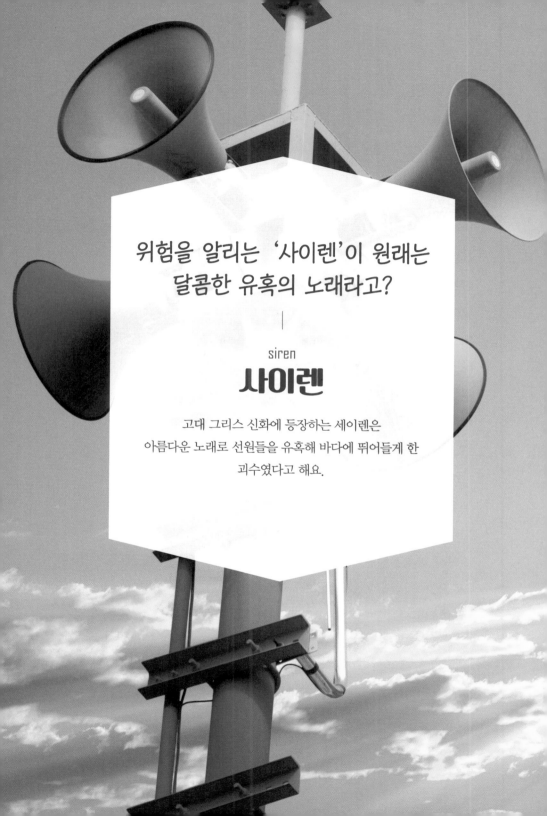

위험을 알리는 '사이렌'이 원래는
달콤한 유혹의 노래라고?

siren
사이렌

고대 그리스 신화에 등장하는 세이렌은
아름다운 노래로 선원들을 유혹해 바다에 뛰어들게 한
괴수였다고 해요.

사이렌siren을 사전에서 찾아보면 '많은 공기구멍이 뚫린 원판을 빠른 속도로 돌려 공기의 진동으로 소리를 내는 장치'라고 나와요. 주로 어떤 위험이나 긴박함을 알릴 때 이 장치를 사용하는데, 매월 15일 민방위 훈련 때 울리는 사이렌이 우리에게 가장 익숙하지요. 그다음으로는 구급차 사이렌이고요. 응급 환자를 수송할 때는 시간이 곧 생명이니 경보음을 울리지 않을 수 없지요. 구급차를 영어로 하면 앰뷸런스ambulance인데, 이 단어는 '돌아다니다'를 뜻해요. 본래는 응급 환자를 이송하는 마차를 가리키는 말이었는데 자동차의 발명으로 구급차가 된 것이지요.

사이렌의 어원은 무엇일까요? 기원은 고대 그리스의 장편 서사시 《오디세이아》까지 거슬러 올라갑니다. 이 작품은 트로이 원정에 성공한 영웅 오디세우스가 이타카 섬에 돌아오기까지 겪은 표류담과 10여 년 동안 정절을 지킨 아내 페넬로페와의 재회, 아내에게 접근한 자들에 대한 복수로 이루어져 있지요.

이 작품의 12권에는 세이렌seiren이 등장합니다. 세이렌은 머리만 아름다운 여성이고 몸은 독수리의 모습을 하고 있는 괴수입니다. 아름다운 노래로 선원들을 유혹하여 바다에 뛰어들게 하고 결국은 익사시켰다고 하죠. 이 괴수의 이름이 바로 사이렌의 어원이에요. 그리스어 세이렌이 라틴어 시렌siren, 고대 프랑스어 세렌sereine을 거쳐 14세기 중엽 영어 사이렌이 된 것이지요. 사이렌은 처음에 '노래로 선원들을 유혹해 바다에 빠져 죽게 하는 바다의 요정'을 가리키다가, 16세기 말부터 '달콤하게 노래하며 유혹하는 사람'을 비유했고, 19세기 말부터

❖❖❖
오디세우스는 트로이 전쟁에서 돌아오는 길에 세이렌을 마주치지만 유혹을 이겨내고 무사히 항해를 계속해요.

구급 마차나 증기선에 장착해 '경보음을 내는 장치'를 일컬었답니다. 《오디세이아》에 나오는 문장을 인용해 볼까요?

"당신은 제일 먼저 세이레네스(세이렌) 자매가 사는 섬을 지나갈 거예요. 누구든지 그들의 노랫소리를 들으면 목숨을 부지할 수가 없어요. 그들에게 더 가까이 가려다가 결국 바다에 빠져 죽기 때문이죠. 그들 주변에는 그렇게 죽어 간 선원들의 뼈가 산더미처럼 쌓여 있어요."*

세이렌의 위력을 잘 알고 있던 오디세우스는 부하들에게 자신의 몸을 돛대에 묶고 어떤 일이 있어도 결박을 풀지 말라고 명령했어요. 세

---

* 호메로스 지음, 김원익 평역, 《오디세이아》, 서해문집2007, P186

이렌의 고혹적인 노랫소리가 들려오자 이전 사람들처럼 오디세우스 역시 밧줄을 풀려고 몸부림쳤지요. 하지만 귀마개를 한 부하들이 그가 움직이지 못하도록 더욱 단단히 잡았어요. 덕분에 계속 항해를 할 수 있어서 노랫소리와 멀어졌고 무사히 섬을 지나쳐갈 수 있었지요. 이에 사이렌들은 모욕감을 느끼고 모두 목숨을 끊었다고 합니다.

이 이야기를 읽다 보면 우리의 인생에 대해 다시 한 번 생각해 보게 됩니다. 오디세우스의 긴 여정처럼 여러분의 인생에도 앞으로 술, 담배, 이성, 재산, 권력 등과 같은 갖가지 유혹이 있을 거예요. 이를 맞닥뜨릴 때마다 오디세우스를 본보기로 삼으면 어떨까요?

min +1분 세계사

에스오에스는 무슨 뜻일까?

세이렌의 유혹에 빠져 물로 뛰어들게 된다면 다른 사람들에게 구조 요청을 해야겠지요. 이를 흔히 '에스오에스sos를 청하다.'라고 말하지요.

보통은 이 SOS를 'Save Our Souls(우리의 영혼을 구해 주소서).'의 첫 자를 따 만든 말로 알고 있어요. 그런데 이 설명은 설득력이 부족해요. 이 표현을 그대로 해석하면 선원들은 이미 죽었으니 영혼만이라도 구해 달라는 의미이기 때문이지요. 그러니 구조를 요청하는 말로는 부적합해요. 일부 사람들은 'Save Our Ship(우리의 배를 구해

주소서).'의 첫 자를 따서 만든 말이라 주장하기도 하지만 이 또한 잘
못된 설명이에요.

사실 SOS는 어떤 언어적 메시지와도 관련이 없어요. 모스 부호로
생긴 거랍니다. 모스 부호 중에서 보내기가 가장 쉽고 상대편이 인
식하기 쉬운 세 번의 짧은 신호, 긴 신호, 짧은 신호를 라틴 알파벳
으로 옮기면 SOS가 돼요. 이 신호는 아무런 훈련 없이도 누구나 쉽
게 위급 상황을 알릴 수 있기 때문에 국제적 합의를 거쳐 전 세계에
서 공통으로 쓰이고 있어요.

태양을 관찰하던 암실이 어떻게
카메라로 발전했을까?

---

camera
카메라

카메라의 본래 이름 카메라 옵스큐라는
'어두운 방'을 의미했어요. 고대 그리스 시대부터
수많은 학자들이 카메라 원리를 연구한 결과
오늘날 우리가 손에 들고 다니는 카메라가 탄생했지요.

카메라camera의 본래 이름은 카메라 옵스큐라camera obscura예요. 1604년 독일 천문학자 요하네스 케플러가 '카메라 옵스큐라'라는 표현을 처음으로 사용했지요. 이 표현은 '(둥근 천장의) 방'이라는 의미의 카메라camera와 '어둡게 한'이라는 의미의 옵스큐라obscura를 붙여서 만든 거예요. 한자로 옮기면 '암실暗室'쯤으로 표현할 수 있을 것 같아요. 이후 1840년대에 현대식 카메라가 나오면서 '옵스큐라'는 떼고 그냥 '카메라'라고 부르기 시작했죠.

어원이 같은 단어 하나만 더 살펴보지요. 그 주인공은 '동료'나 '동지'를 뜻하는 영어 캄래드comrade입니다. 단어 카메라와 철자, 발음, 의미가 모두 다 다른데 어떻게 어원이 같다는 건지 궁금하지요? 영어 캄래드는 라틴어 카메라camera에서 비롯되어 중세 프랑스어 카마라드camarade를 거쳐 완성되었습니다. 프랑스어 카마라드는 '방을 같이 쓰는 사람'이라는 뜻인데, 아무래도 방을 같이 쓰다 보면 생각이 비슷해지고 마침내 동지가 되겠지요.

다시 카메라 이야기로 돌아가서, 카메라 옵스큐라의 원리는 어두운 방 한쪽 벽에 구멍을 뚫어 반대편에 그 방의 외부가 거꾸로 비치는 것을 말합니다. 오래전 그리스 철학자 아리스토텔레스도 이 원리를 이용해 태양의 일식까지 관찰했다고 하니 참 대단하지요.

이후에도 연구는 계속되어 11세기에서 16세기 사이에 이븐 알하이삼, 젬마 프리시우스와 같은 과학자들이 카메라 옵스큐라를 응용하는 방법을 발표했어요. 어두운 방의 덧문에 구멍을 뚫어 눈으로 직접 보지 않고 태양을 관찰할 수 있게 된 것도 이때부터이죠.

❖❖❖
루이 다게르가 은판 사진기로 새로운 사진법을 발표한 후, 사람들은 앞다투어 새로운 사진술을 시험해 보았어요.

　16세기에는 이 장치가 예술계에도 알려져 레오나르도 다빈치를 비롯한 많은 예술가들이 카메라 원리를 활용했어요. 17세기에는 여기저기로 운반할 수 있는 형태로도 발전했지요. 1657년에는 암상자 형태로도 만들어졌고, 1685년 요한 잰이 논문을 통해 휴대용 카메라를 고안했어요. 하지만 지금의 카메라로 변신하기까지는 150여 년을 더 기다려야 했어요.

　프랑스 화가 루이 다게르는 1839년 8월 19일 파리 아카데미 데 시앙스에서 새로운 사진술인 은판 사진법을 공개했어요. 사람들은 이 발표회가 끝나자마자 은판 사진기를 구입해 인근 공원 여기저기에서 사진을 찍었다고 합니다. 보통 사람들도 사진을 찍을 수 있게 된 거죠.

　이처럼 카메라 원리를 연구해 일반인의 손에 쥐어지기까지는 수많은 사람의 노력이 있었어요. 오늘날 사람들은 카메라에 찍히는 자기 모습에만 몰두하지요. 이러한 현상은 '스마트폰'의 출현으로 더욱 심해지고 있어요. 사람들은 스마트폰으로 자신의 얼굴을 시도 때도 없이 찍고 그것을 들여다보느라 주변을 둘러보지 않아요. 과도한 '포샵'으로 사실을 왜곡하는 경우도 적지 않죠. 이러한 현상을 우리는 어떻게 보아야 할까요?

고대 이집트에서는 남성들도
화장을 즐겨 했다?

|

cosmetics
화장품

고대 이집트 남성들은 종교 의식이나 전투를 치르기 전에
마음을 바로잡기 위해 화장을 했다고 해요.
화장품의 어원인 그리스어 코스모스kosmos가 '질서'를 뜻하는 것도
이 때문 아닐까요?

영어 사전에서 코스메틱스cosmetics를 찾아보면 '화장품'이라고 나옵니다. 옛날에는 많은 사람들이 유럽으로 여행을 가면 프랑스 화장품을 꼭 사 올 정도로 흔히 프랑스 화장품을 가장 높이 쳐주었는데, 요즈음은 한국 화장품도 대단히 높은 평가를 받고 있는 것 같아요. 얼마 전 텔레비전 뉴스를 보니 중국인이 가장 좋아하는 화장품 생산지에 프랑스 다음으로 한국이 꼽혔다고 하니 말이에요.

코스메틱스의 어원은 그리스어 코스모스kosmos입니다. '질서'를 의미하는 단어이지요. 기원전 6세기 그리스 철학자 피타고라스는 '세상' 또는 '우주'를 코스모스라고 불렀어요. 그가 보는 세상과 우주의 질서는 완벽했기 때문이죠. 이 코스모스는 후에 라틴어 코스모스cosmos로 변화했어요. 가을에 피는 대표적인 꽃인 코스모스의 이름도 이 라틴어에서 나온 말이에요. 이 꽃을 가만히 살펴보면 가운데에 암술과 수술이 둥글게 원을 이루고 있고 그 주위로 여덟 개의 꽃잎이 질서 정연하게 달려 있음을 알 수 있어요.

코스메틱스에서 '–s'를 뗀 코스메틱cosmetic은 '겉치레의' '성형의'라는 두 가지 뜻을 가지고 있어요. 여기에다 '수술'을 뜻하는 서저리surgery를 붙이면 '성형 수술'이라는 단어가 되지요. 한국은 '성형 공화국'이라고 불릴 정도로 최근 몇 년 사이에 미용 산업이 빠르게 성장하고 있는 나라죠. 실제로 많은 중국인이 한국으로 '성형 관광'을 온다고 하네요.

이러한 현상의 원인으로 많이들 한류를 꼽지만, 단순히 그뿐만은 아닌 것으로 보입니다. 주변 나라보다 발달한 화장 및 성형 기술 덕분이기도 하겠죠. 한류 열풍이 아무리 강하더라도 화장술이나 성형 기술이 뒤처져 있다면 비행기를 타고 한국까지 올 리가 없잖아요.

우리의 화장술과 성형기술이 이렇게 높이 평가받는 것은 반가운 일이지만, 마냥 좋게만 볼 수는 없어요. '신체발부 수지부모身體髮膚受之父母', 즉 '신체, 털, 피부는 부모에게서 받은 것'이니 소중히 여기는 것이 효의 시작이라는 공자의 가르침에 따라, 머리를 자를 바에는 죽겠다고 한 것이 불과 120여 년 전이랍니다. 그런데 오늘날에는 부모가 물려준 눈, 코, 턱, 가슴을 합당한 이유 없이 고치는 것을 보면 씁쓸한 느낌을 지울 수 없어요. 서양을 기준으로 한 미의식과 나이보다 젊게 보이려는 욕심, 동료들 간의 지나친 경쟁심 때문인 것 같아 안타까울 따름입니다.

코스메틱은 17세기에 들어와서야 '아름답게 만드는 기술 또는 준비'라는 의미를 띠게 되었어요. 그때부터 코스메틱을 '화장품'이라는 의미로 사용했으니 화장술도 최근에 생겼을 것이라고 생각하면 안 돼요. 그 역사는 적어도 8000년까지는 거슬러 올라가니까요.

또한 화장품은 오늘날처럼 여성들의 전유물이 아니었답니다. 고대 이집트의 남성들도 여성들 못지않게 화장을 좋아했어요. 역사적으로 얼굴이나 몸을 장식하고 향료를 뿌리고 분을 바르고 머리를 염색하는 행위는 모두 남성들이 주관하는 종교와 전투 의식의 일부에서 시작되었답니다. 고대 이집트인들은 저승에서도 화장을 한다고 생각해, 시신과 함께 엄청난 양의 화장품을 매장했어요. 1922년에 발굴한 고대 이집트 왕 투탕카멘의 묘에서는 크림, 립스틱, 볼연지 등이 든 작은 항아

◆◆◆
고대 이집트 왕 투탕카멘의 황금 마스크예요.
그는 눈썹과 눈에 진하게 화장을 했어요.

리가 발견되었죠. 지금도 사용해도 될 만큼 보존 상태가 좋고 향도 난다고 하네요.

min +1분 세계사

고대 이집트인들은 왜 눈꺼풀을 검게 칠했을까?

알코올alcohol의 명사 '코올cohol'은 고대 이집트인, 아랍인들이 눈꺼풀에 검게 칠했던 금속 가루를 가리킵니다. 좀 더 정확히 말하자면 '안티몬'이라는 광물에서 얻은 고운 가루이지요. 알코올이란 말을 들으면 흔히 소주, 맥주, 와인, 위스키 등과 같은 술, 액체를 떠올리지만, 어원상으로 알코올은 고체랍니다. 안티몬을 오랫동안 가열하면 고운 가루를 얻을 수 있는데, 이를 16세기에는 '알코올'이라고 일컬었기 때문이에요. 그러다가 고체를 증발시켜 얻을 수 있는 아주 고운 가루라면 무엇이든 그렇게 불렀지요. 참고로 '코올' 앞에 붙는 '알al-'은 정관사랍니다.

이집트인들은 왜 눈꺼풀을 검게 칠했을까요? 이에 대해서는 여러 가지 학설이 존재합니다. 그중 가장 널리 수용되고 있는 학설은 동공 반사 현상을 막기 위해서라는 것입니다. 어떤 사람의 눈을 들여다보면 자신의 모습이 다른 사람의 동공에 아주 작은 형태로 비칩니다. 그래서 영어 단어 푸필pupil이 '동공'을 의미하면서도 '작은 여자 인형'을 가리키는 걸까요? 오늘날 우리는 이것을 당연한 자연현상으로 여기지만 고대 사람들은 그렇지 않았다고 해요. 이들은 자신의 모습이 다른 사람의 눈 속에 작게 나타나는 순간 그 안에 갇힌다고 생각했지요. 이를 막을 수 있는 묘수로 고대 이집트인들은 자신의 눈 주위를 검은 반죽으로 둥글게 칠했던 거죠. 그러면 그 부분이 햇빛을 흡수해 눈에 비치는 반사광을 최소화하여 자신의 모습이 다른 사람의 동공에 비치는 것을 막을 수 있었지요.

이 관행은 오늘날에도 남아 있어요. 경기를 앞둔 야구 선수들은 자신의 눈 밑에 검은 그리스를 칠하지요. 고대 이집트 사람들의 과학 원리를 그대로 따라 햇빛의 반사를 막는 셈입니다.

고대 스칸디나비아 신부들은
왜 신혼여행을 싫어했을까?

ｰ

honeymoon
신혼여행

신혼여행의 기원은
신부를 훔쳐 추격자들이 포기할 때까지 숨어 지내던
약탈혼에서 비롯했어요. 그러니 신부에게는 신혼여행이
가장 무섭고 힘든 시간이지 않았을까요?

영어에서 가장 낭만적인 단어 하나를 꼽으라면 허니문honeymoon이 뽑힐 거예요. 성인이 된 남녀가 만남 끝에 결혼식을 치르고 둘만 있는 곳에서 보내는 첫날밤이야말로 당연히 낭만적이지 않겠어요? 일생에 결혼을 한 번만 한다면 허니문 역시 한 번밖에 없는 날이니까요.

허니문을 사전에서 찾아보면 '신혼여행' 또는 '우호적인 관계'라고 나와요. 전자는 결혼과 관련해서, 후자는 정치와 관련해서 많이 쓰이지요. 공통점은 허니문을 긍정적인 의미로 본다는 것이지요. 사람들은 갓 결혼한 남녀라 당연히 좋겠거니 생각하겠지만, 어원을 따져 보면 반드시 그렇지만도 않아요.

민속학자들은 신혼여행의 역사가 고대 스칸디나비아 근처에서 널리 행해졌던 약탈혼과 관련이 있다고 말해요. 약탈혼은 글자 그대로 신부 될 사람을 다른 곳에서 빼앗아 오는 것이에요. 이때 남자는 예비 신부를 데리고 잠시 몸을 숨겨야 했지요. 왜냐하면 신부 측 가족들이 가만히 있을 리가 없으니까요. 앞에서 얘기했던 그리스 신화 속 테세우스가 어린 헬레네를 납치했을 때 카스토르와 폴리데우케스가 그녀를 찾아 나섰듯이 말이에요.

그래서 신부를 약탈한 사람은 자신을 도와준 사람들 말고는 누구에게도 거처를 알리지 않고 추격자들이 포기할 때까지 숨어 지냈지요. 이것이 민속학자들이 말하는 신혼여행의 기원이에요. 오늘날 우리가 흔히 생각하는 신혼여행과는 거리가 멀지요?

사람들은 신혼부부를 늘 긍정적으로 보지 않았어요. 오히려 정반대였지요. 허니문에서 허니honey는 '꿀'이라는 뜻이 맞아요. 북유럽에서는 결혼 첫 달에 발효시킨 꿀이나 꿀을 섞은 술을 최음제처럼 마시는 관습이 있었거든요.

문moon은 예상과 달리 달빛 아래서 둘만이 보내는 낭만적인 밤을 일컫던 단어가 아니에요. 달도 차면 기울듯이 꿀 같은 신혼 생활도 시간이 지나면 시들해진다는 의미를 함축한 단어지요. 이와 관련해 영국 어휘학자 R. 홀로엣은 1552년《영어-라틴어 어휘 연구》에 다음과 같이 적었어요.

이 단어는 '처음에 의가 상하지 않고 서로를 끔찍하게 사랑하지만 이러한 사랑도 결국엔 시들해지고 만다.'는 의미로 갓 결혼한 사람들에게 널리 적용할 수 있다. 대중들은 그것을 허니문이라 부른다.

이후 16~17세기 영국의 산문가나 시인들은 이 해석을 근거로 결혼 생활을 달이 차고 기우는 것에 비유하곤 했지요.

신부가 쓰는 베일veil에서도 약탈혼의 흔적을 찾을 수 있어요. '덮다'라는 의미의 라틴어 벨라레velare에서 파생한 베일은 신부를 가리는 데 사용되었어요. 약탈한 신부를 다른 곳으로 안전하게 데려가려면 큰 자루에 넣거나 커다란 천으로 감싸야 했지요.

많은 시간이 흐르고 천은 얇은 레이스나 망으로 바뀌었지만 용도는 처음과 변함이 없었어요. 후에 이 베일은 여성을 좀 더 매력적으로 보이게 하는 묘한 심리적 의미를 지니게 되었지요. 마치 새로운 신제품

을 천으로 덮어 두었다가 사람들의 관심이 최고조에 달했을 때 천을
천천히 벗겨 소개하는 것처럼 말입니다.

min +1분 세계사

데이트는 날짜를 기록하기 위한 문구에서 시작되었다?

사전에서 데이트date를 찾아보면, '날짜' '이성 간의 약속'이라고
나와요. 먼저 밝히자면 데이트는 데이day와 뜻이나 발음은 유사하
지만 전혀 관련이 없어요. 어원은 '주다'라는 의미의 라틴어 동사 다
레dare예요.

고대 로마 사람들은 편지에 날짜를 쓸 때 이 동사를 활용했지요.

Dabam Romae Kal. Aprilis. 다밤 로마에 칼 아프릴리스.

(I gave this letter at Rome April 1. 나는 (이 편지를) 로마력 4월 1일에 주었다.)*

얼마 후에는 '다밤 로마에' 대신에 '다타 로마에data Romae'라고 적기 시작했어요. 6세기경 '다타'는 편지 위에 날짜를 나타내는 문구로 쓰이게 되었죠. 이 다타가 프랑스어로 들어가 '다뜨date'가 되었지요. 19세기 후반부터는 '어느 특정 시간에의 만남' '이성과의 약속'까지도 의미하게 되었답니다.

---

* Merriam-Webster, 《Webster's word histories》, Merriam Webster U.S 1990, p. 132

고대 스포츠는 놀이가 아니라
목숨을 건 경기였다?

|

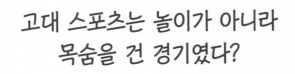

sport
스포츠

고대 스포츠는 수렵, 전투, 싸움 등에서 비롯했어요.
이들을 평화를 위한 경기로 바꾼 것이야 말로
인류 전체가 이룬 큰 업적이라 할 수 있지요.

1 2 3 4 5 6 7 8

오늘날 스포츠sport라는 단어는 '운동' '경기' 이외에 '재미' '장난'의 의미로도 쓰이고 있습니다. 예를 들어 "The comments were only made in sport."이라는 문장을 "그 논평은 단지 재미삼아 한 것이었다."로 해석할 수 있지요.

고대 스포츠의 시작은 '경기'나 '장난'이 아니라 실전이었어요. 옛날 사람들은 동물과 적으로부터 살아남기 위해 활을 쏘고 창을 던지며 싸웠으니까요. 모두 생존이나 사활을 건 행위였지요. 올림픽 종목인 창던지기, 양궁, 권투, 레슬링 등도 수렵과 전쟁에서 비롯한 경기예요.

스포츠의 어원은 라틴어 포르타레portare까지 거슬러 올라갑니다. '물건을 운반하다.'라는 의미를 가진 이 동사에 접두사 '데de-'를 붙인 데포르타레deportare는 '슬픈 정신 상태를 없애다.'라는 뜻을 가졌지요. 여기에서 '흥겹게 놀다.'라는 뜻의 고대 영어 디스포트disport가 나왔고, 그 두음을 생략한 것이 바로 스포츠입니다. 즉 스포츠는 '슬픈 정신 상태를 없애고' 서로의 우의를 증진하려는 노력에서 탄생한 것으로, 전쟁이나 싸움에서 유래한 각종 경기를 평화를 위한 경기로 바꾼, 인류 전체가 이루어 낸 커다란 업적이에요.

스포츠의 역사를 조금 더 자세히 살펴볼까요? 로마 시대에 사람들을 광분시킨 것은 전차 경기였어요. 인기가 높아 전차 경기장이 제국 곳곳에 만들어질 정도였죠. 이 경기장의 이름이 바로 오늘날 영어 서커스circus의 기원인 키르쿠스circus랍니다.

로마 시대의 스포츠 전통은 중세로 접어들면서 서서히 사라집니다. 이교도의 축제라는 이유 때문에 393년 올림픽 경기를 끝으로 중단되

고 말았거든요. 392년에 기독교를 국교로 공인하면서 스포츠는 육욕
을 일으키기 때문에 이를 금지해야 한다고 주장한 것도 한몫했어요.
이로써 스포츠에도 암흑 시대가 도래하지요.

대신 중세에 기사도가 부흥해요. 기사가 되려면 소년 시절부터 귀부
인 밑에서 예의범절을, 12살 무렵부터는 기사 밑에서 검술, 창술, 마술
등을 배워야 해요. 그래야 15살 무렵에 기사 작위를 받습니다. 이때 왕
앞에서 "조국을 사랑하고 용감하게 행동하며 신의를 중시하고 타인에
게는 관용을 베풀며 정의를 지킨다."라고 서약해요. 이 기사 서약이 바
로 근대 올림픽 대회 선수 선서의 원형이랍니다.

고대 올림픽 경기를 만든 나라가 그리스라면, 근대 올림픽 경기를
만든 나라는 영국이라고 할 수 있어요. 물론 1896년에 올림픽이 다시
열린 장소는 그리스이지만 축구, 럭비, 보트, 배드민턴, 탁구, 하키 등
많은 스포츠의 규칙을 영국에서 정했기 때문입니다. 영국이 먼저 스
포츠 근대화를 이루게 된 데는 크게 두 가지 요인이 있어요. 하나는 영

국이 시민 혁명과 산업 혁명을 통해 가장 먼저 근대적인 시민 사회를 이루었기 때문이고, 다른 하나는 세계 곳곳에 개척한 식민지를 통해 자신들의 스포츠 문화를 널리 전파할 수 있었기 때문이지요.

챔피언은 원래 타인을 위해 경기장에 나가는 사람이었다?

챔피언champion은 권투 챔피언처럼 개인을 가리키기도, 축구팀처럼 집단을 가리키기도 해요. 어떤 형태로든 챔피언이 된다는 것은 참으로 영광스러운 일이죠.

하지만 이 단어의 원래 의미는 긍정적이지 않았어요. 이 말의 뿌리는 '전장'을 가리키던 라틴어 캄푸스campus입니다. 여기서 '전사'라는 의미를 가진 캄피오campio가 나오지요. 이 단어는 고대 프랑스어로 유입되어 샹피옹champion으로 변화했고, 13세기에 영어로 들어가 챔피언champion이 되었지요. 챔피언십championship이라는 단어는 1825년에 생긴 말이랍니다.

어원으로 보아 챔피언은 전쟁터에서 싸우는 사람을 일컫는 말이었어요. 중세부터 본인 또는 타인의 명예를 위해 일대일 결투를 할 준비가 된 사람을 가리켰지요. 예를 들어 '왕의 챔피언'이라고 하면 적으로부터 왕을 보호하는 전사, 기사를 말한 것이에요. 최근에 와서야 오늘날처럼 경기에서 이긴 사람을 챔피언이라고 불렀답니다.

경쟁 구도의 관계를
라이벌이라고 부르는 이유는?

rival
라이벌

옛날부터 같은 삶의 터전을 사용하는 사람들은 자연스럽게
개천을 사이에 두고 생존을 위한 경쟁을 벌였답니다.
그래서 '개천'을 뜻하는 라틴어 리부스rivus에서
'경쟁자'라는 뜻의 라이벌이 나왔지요.

역사상 가장 유명한 라이벌rival로는 기원전 4세기 알렉산드로스 대왕과 다리우스 3세가 꼽혀요. 그들의 관계를 보여주는 편지가 있는데 같이 한번 읽어 보기로 하지요.

앞으로 당신이 나와 대화를 하고 싶을 경우 그 수신인을 '아시아의 왕'으로 하시오. 내게 동등한 입장으로 편지하지 마시오. 당신이 소유했던 모든 것은 이제 나의 것이오. 그러므로 당신이 어떤 것을 원할 경우, 내게 예의를 갖춰 물을 것이며 그렇지 않으면 당신을 범죄자로 취급할 것이오. 만약 당신이 나의 왕위에 대해 이의를 품고 그에 맞서 싸우려 한다면 절대 도망가지 마시오. 당신이 그 어느 곳에 몸을 피하든 내가 당신을 찾아낼 것이라는 사실을 잊지 마시오.*

알렉산드로스 대왕이 다리우스 3세에게 보낸 이 편지를 읽으면 라이벌 관계를 잘 이해할 수 있을 것 같아요. 라이벌은 양립하기 어려운 관계랍니다. 이 편지를 읽은 다리우스 3세는 어떻게 했을까요? 아마도 엄청난 모욕감을 느꼈겠지요. 그가 할 수 있는 일은 크게 두 가지였을 거예요. 하나는 알렉산드로스 대왕에게 비슷한 편지를 써서 똑같이 그를 모욕하는 것이고, 다른 하나는 치욕스럽지만 참는 것이죠. 후자의 경우에는 라이벌 관계를 끝낼 수 있지만, 전자의 경우에는 새로운 싸움을 시작하겠죠.

---

* 조셉 커민스 지음, 송설희, 송남주 옮김, 《라이벌의 역사》, 말글빛냄 2009, p. 4.

◆◆◆
알렉산드로스 대왕과 페르시아 제국의 다리우스 3세는 역사상 가장 유명한 라이벌로 꼽혀요.
두 사람의 관계는 고대 동서양 역사에 많은 영향을 끼쳤죠.

　혹자는 이렇게 말해요. "이 라이벌들의 모든 것이 오늘날의 우리를
만들었다."* 역사적으로 권좌에 있었거나 막강한 영향력을 지낸 사람
들의 관계는 당사자들뿐만 아니라 인류에 영향을 끼쳤기 때문입니다.

　그렇다면 왜 라이벌들은 좋은 관계를 유지할 수 없을까요? 어원만
살펴보아도 이유를 짐작할 수 있어요. 영어 라이벌의 어원은 '개천'
또는 '시내'를 가리키는 라틴어 리부스rivus까지 거슬러 올라갑니다.
여기에서 라틴어 리발리스rivalis가 나왔는데 그 의미는 '같은 개천을
사용하는 사람' 또는 '개천의 반대편에 사는 사람'이었어요. 이 단어에
서 나온 중세 프랑스어 리발rival이 영어로 들어가 오늘날 라이벌이 된
거예요.

* 　같은 책, P. 7

같은 개천을 사용하는 사람들의 관계가 좋기는 힘들어요. 예를 들어 어느 날 한쪽이 개천에서 많은 물고기를 잡으면 다른 한쪽은 낚을 고기가 별로 없겠죠. '아전인수我田引水'라는 말도 있듯이, 어느 한쪽에서 개천의 물길을 자기 논밭으로 가져오면 다른 한쪽은 물이 별로 없어 농사를 망칠 거예요. 뿐만 아니라 개천을 사이에 둔 사람들은 아무래도 사랑, 재산, 물건 등을 두고 자주 다투게 되지요. 그래서 '같은 개천을 사용하는 사람'은 서서히 경쟁 관계로 발전할 수밖에 없어요.

평범한 사람들이 라이벌이라면 영향력이 약하겠지만, 권좌에 있는 사람들끼리의 관계는 다른 이들에게 많은 영향을 끼칩니다. 지금 여러분의 미래를 만들어 나갈 라이벌은 누구인가요?

2.
지중해 세계를 통일한
로마 제국

노블레스 오블리주_noblesse oblige

소금_salt

비누_savon

복권_lotto

그리스인보다 똑똑하지 못했던 로마인이
강력한 제국을 세운 비결은?

noblesse oblige

노블레스 오블리주

고대 로마 제국이 지중해 세계를 통일하고
1000년 동안 유지될 수 있었던 비결은
바로 올바른 귀족 정신, 노블레스 오블리주를 실천한 덕분이에요.

노블레스 오블리주noblesse oblige는 프랑스 문장입니다. 노블레스noblesse는 '고귀한 신분'을 뜻하는 명사이고, 오블리주oblige는 '강제하다'라는 동사이지요. 이 둘을 합하면 '고귀한 신분은 강제한다.'라는 의미가 되죠. '고귀한 신분'은 무엇을 '강제'하는 것일까요?

고대 로마의 귀족들은 여러 가지 특권을 누렸어요. 노블레스 오블리주는 귀족들에게 그러한 특권에 상응하는 의무도 잊지 말라는 의미예요. 고대 로마 귀족들은 전쟁이 일어나면 자신의 재산을 사회에 환원하고 스스로 최전선에 뛰어들어 적들과 용감하게 싸웠어요. 전쟁에서 목숨을 잃기도 했고요. 예를 들어 카르타고 장군 한니발이 로마와 벌인 제2차 포에니 전쟁에서는 로마 공화정 시대의 최고 관직인 집정관 13명이 목숨을 잃었다고 해요.

또한 그들은 부와 사회적 지위보다는 과소비를 지양하고 정신적인 가치를 더 소중히 여겼다고 합니다. 많은 학자들은 초기 로마 귀족들의 철저한 노블레스 오블리주 정신 덕분에 로마가 지중해 세계를 통일하고 고대 세계의 맹주가 될 수 있었다고 보아요. 지성을 뽐내던 그리스인, 발달한 기술을 자랑하던 에트루리아인, 해상 무역으로 경제권을 장악하고 있던 카르타고인을 제치고 1000년 동안 제국을 유지할 수 있었던 비결로 노블레스 오블리주 정신을 꼽는 것이죠.

여기서 분명히 밝히자면 이 용어를 고대 로마 시대부터 사용하지는 않았답니다. 처음 사용한 사람은 프랑스의 정치인이면서 작가인 가스통 피에르 마르크로 알려져 있어요. 그는 자신의 저서 《격언집》에서 51번째 격언으로 이 용어를 썼습니다. 그가 강조하고 싶었던 것은 '귀

영국 이튼 칼리지 졸업생들의 희생은 노블레스 오블리주 정신을 보여 주는 대표적인 사례이지요.

족들은 권리보다 의무가 더 많다.'였어요.

　노블레스 오블리주 정신을 이야기할 때 빠지지 않는 사례는 영국 이튼 칼리지 졸업생들입니다. 1440년 헨리 6세가 설립한 이 학교는 영국 내에서도 명문 귀족 학교로 손꼽혀요. 이 학교 졸업생 중 제1차 세계 대전에 참전해 목숨을 잃은 학생만 1157명입니다. 제2차 세계 대전 때도 상당히 많은 수가 조국을 위해 싸우다 목숨을 잃었지요. 대부분 귀족 출신이었던 이 학교 졸업생들은 전쟁이 일어나면 누구보다도 먼저 참전해 노블레스 오블리주 정신, 즉 귀족의 의무를 다했지요. 이튼 칼리지 내 교회에서는 그들을 기리기 위해 벽에 전사자들의 이름을 모두 새겼다고 합니다.

　1982년 포클랜드 전쟁(아르헨티나 대륙에서 약 500km 떨어진 섬인 포클랜드의 영유권을 둘러싼 영국·아르헨티나 간의 분쟁) 때 영국 여왕의 차남인 앤드류 왕자가 헬리콥터 조종사로 참전한 것도 노블레스 오블리주를 실천한 상징적인 일화로 남았습니다. 왕위 계승 순위 4위인 왕자를 가장 위험한 전장에 배치하는 모습 덕분에 영국 왕실이 지금까지 이어지고 있는지도 모릅니다. 고대 로마 제국이 그랬던 것처럼요.

우리에게도 노블레스 오블리주 정신은 있었어요. 신라가 삼국을 통일하는 데 원동력이 된 화랑 정신이나 대의를 위해 목숨까지도 버렸던 조선의 선비 정신이 대표적인 사례이지요. 문제는 우리의 이러한 아름다운 전통이 점점 흐릿해지고 있다는 거예요. 21세기의 주역인 여러분이 이 전통을 되살리는 것은 불가능한 일일까요?

고대 로마 시대에는
소금이 돈보다 귀했다?

|

salt
소금

고대 로마 시대에는 소금이 가장 중요한 경제 수단으로
로마, 베네치아 등이 주요 도시로 성장하는 데 큰 기여를 했어요.
당시 병사들은 월급으로 소금을 받기도 했답니다.

인간에게 가장 중요한 식재료 중 하나는 소금이에요.

인체에는 약 0.7%의 소금이 들어 있으며, 땀이나 오줌에 섞여 배출되기 때문에, 성인은 하루에 10~15g의 소금을 섭취하지 않으면 생명을 유지할 수 없습니다. 여기에 지구 생명의 탄생이라는 비밀을 푸는 열쇠가 숨겨져 있습니다. 지구 상의 생물은 사실, 어머니인 바다에서 탄생했던 것입니다.*

옛날 사람들도 소금의 가치를 알고 있었어요. 그래서 그들은 여러 가지 방법으로 소금을 얻으려고 애썼지요. 바다였다가 육지로 변한 곳에서 줍거나 오늘날의 염전처럼 바닷물을 증발시켜 얻었어요. 소금 광산에서 소금을 캐는 방법도 있었지요.

소금 광산으로 유명한 곳이 바로 오스트리아 잘츠부르크Salzburg예요. 오늘날 이 도시는 볼프강 아마데우스 모차르트의 생가와 영화 〈사운드 오브 뮤직〉의 배경으로 알려져 있지만, 예전에는 세계 최초의 소금 광산이 있던 곳으로 유명했답니다. 이곳에서 소금을 캐기 시작한 것이 기원전 1000년부터였다니 정말 놀라운 일이죠. 잘츠부르크에 소금 광산이 있었다는 사실은 이 도시의 이름에서도 그대로 나타나요. 독일어 잘츠부르크에서 잘츠salz는 '소금'를 의미하고, 부르크burg는 '마을'을 의미합니다.

---

* 와타히키 히로시 지음, 윤길순 옮김, 《질투하는 문명 I》 자작나무 1995. p. 177.

소금으로 발달한 도시라면 이탈리아 로마와 베네치아도 빼놓을 수 없어요. 로마에 인구가 많아지고 소금의 수요도 늘어나자, 로마 제국은 아드리아 해역에 큰 제염소를 만들어 소금을 생산했어요. 그리고 육로를 이용해 로마로 운반했지요. 사람들은 이 육로를 '비아 살라리아Via Salaria'라고 불렀는데, 여기서 비아Via는 '길'이라는 뜻이고 살라리아Salaria는 '소금'이라는 뜻이에요. 그러니까 비아 살라리아는 '소금 길'이라는 말이지요.

다음으로 살펴볼 베네치아는 암초와 작은 섬으로 이루어진 해상 도시예요. 훈족의 침입에 두려움을 느낀 롬바르디아족이 이곳으로 옮겨 와 살면서 발달했지요. 당시 베네치아는 아주 작고 볼품없는 어촌이었지만, 동로마 제국이나 동방 여러 나라에 소금을 팔면서 부유한 도시로 발전했어요.

오래전부터 인간의 생활과 밀접하게 관련된 소금은 '많은 음식뿐만 아니라 많은 단어에 숨어 있는 재료'*예요. 대표적인 예는 샐러드salad, 소시지sausage, 샐러리salary 등이지요. 처음 두 단어는 음식과 관련된 단어라 쉽게 이해되겠지만, 마지막 단어인 '급여'를 의미하는 샐러리는 이해하기가 조금 어려울 것 같네요.

고대 로마 시대에는 병사와 시민들에게 하루 일당으로 소량의 소금을 주었어요. 그들은 힘들게 일해서 몸에 염분이 부족해진 데다 거친 밀가루 빵을 맛있게 먹으려면 소금이 필요했지요. 사람들은 이때

---

* the Editors of American Heritage Dictionaries, 《Word mysteries & histories》, Houghton Mifflin1986, p. 218

나누어 주는 소금을 살라리움salarium이라고 불렀어요. 이후 돈으로 지불하는 품삯도 똑같이 살라리움이라고 불렀고요. 이 살라리움이 바로 영어 샐러리의 어원이랍니다. 오늘날 직장인들은 자기의 봉급이 소금과 관련 있다는 사실을 알까요?

왜 고대 사람들은 비누를
신의 선물이라고 했을까?

savon
비누

3000년 전 초기 로마 시대에 우연한 계기로 만들어진 비누는
염소 기름과 나뭇재가 섞인 것이었다고 해요.
비누가 귀했던 당시에는 페니키아인들이
비누로 물물 교환해 부를 쌓기도 했답니다.

연세가 많으신 할아버지, 할머니 중에서 비누를 '사분savon' 이라고 부르는 분들이 있어요. 일본의 영향 때문이죠. '사분'은 '비누' 를 뜻하는 프랑스어 사봉savon의 일본식 발음이에요. 이밖에도 '올 라 이트all right'을 '오라이'라고 하거나 '백back'을 '빠꾸'라고 하는 등 우리 주변에서는 잘못된 일본식 발음을 많이 쓰고 있답니다.

사봉으로 돌아오면 이는 13세기 라틴어 사포sapo에서 유래한 말이 에요. 사포는 본래 '머리를 염색하기 위해 바르는 머릿기름'을 가리키 는 단어였어요. 1세기 고대 로마 시대의 역사학자 폴리니우스가 쓴 《박물지》(고대 자연과학 지식을 집대성한 일종의 백과사전)에는 켈트족이 동 물성 지방과 회진을 섞어 머리를 붉게 물들였다고 적혀 있어요.

비누의 역사를 살펴보면 우리는 두 가지 사실을 알 수 있어요. 하나 는 상당히 오래전부터 사용했다는 것이고, 다른 하나는 본래 세탁용 으로 썼다는 것이에요. 비누의 시작은 적어도 3000년 전으로 보입니 다. 초기 로마 시대 사람들은 양을 구워 신에게 바쳤는데, 이때 나온 기름이 나뭇재와 섞여 강으로 흘러 들어가는 경우가 많았어요. 이 물 로 세탁하면 찌든 때까지도 아주 잘 빠졌다고 해요. 사람들은 이것을 '신의 선물'이라고까지 여겼지요. 2600년 전 지중해 연안의 페니키아 인들은 염소 기름과 나뭇재로 만든 비누를 켈트족과 물물 교환했다고 해요.

로마인들의 목욕 문화도 일찍이 발달했어요. 카라칼라 욕장이라 는 거대한 유적이 지금까지 전해질 정도로 그들은 공중목욕탕을 곳곳 에 만들어 목욕을 즐겼어요. 몸을 씻을 때 비누가 아닌 잿물, 천연 소

폼페이 곳곳에서는 고대 로마 제국의 화려했던 목욕 문화의 흔적을 발견할 수 있어요.

다, 알칼리염 등을 사용했지요. 하지만 고대 로마 시대 유적인 폼페이에서도 비누 공장의 흔적이 발견되었다고 하니 비누를 계속 사용했던 것은 분명해요.

이렇게 성행했던 로마의 목욕 문화는 중세로 들어가면서 자취를 감추었어요. 당시 수질이 좋지 않아서 잘못 씻으면 피부병이나 전염병에 걸릴 수 있었기 때문이에요. 지금처럼 좋은 약도 없던 때라 병에 한번 걸리면 오랫동안 고생하다가 심하면 목숨까지 잃었지요. 또한 교회가 로마의 목욕 문화를 악의 온상이라고 규정했기 때문이기도 해요. 745년 성聖 보니페이스는 목욕을 금지하는 칙령까지 내렸어요.

그 결과 중세부터 근대까지 서양 사람들은 목욕을 거의 하지 않아 몸에서 늘 악취가 났답니다. 역설적이게도 이러한 나쁜 체취가 향수를 발달시켰어요. 향수를 영어로 퍼퓸perfume이라고 하는데, 여기서 퍼per-는 '멀리', 퓸fume은 '연기가 나다.'라는 의미예요. 퍼퓸은 '멀리 퍼지는 연기'가 되겠지요. 중세 서양 사람들은 비누로 몸을 씻는 대신에 이 향수를 사용해 자신의 나쁜 체취를 가리고 살았어요. 향수에 관한 이야기는 뒤에서 더 자세히 살펴볼게요.

몸을 씻지 않는 관습은 19세기 초에 가서야 변화합니다. 19세기 전반 유럽에서는 장티푸스가 기승을 부렸어요. 의사들은 이 전염병이 불결한 옷과 몸 때문이라고 진단했고 이를 두려워한 사람들은 몸을 씻기 시작했지요. 또한 산업 혁명의 흐름이 거세지면서 공장에서 기계와 함께 하루 종일 일한 노동자들은 기름때를 깨끗이 닦아 내어야 했어요. 이러한 두 가지 이유 때문에 규칙적으로 씻는 사람들이 늘어나 자연스레 비누의 수요가 급증했고 관련 산업도 비약적으로 발전할 수 있었어요.

돈까스는 한자와 영어가 만나 탄생한 단어다?

얇게 저민 돼지고기에 빵가루를 묻혀 튀긴 '돈까스'는 특유의 바삭거리는 맛 때문인지 어른 아이 할 것 없이 좋아하는 음식입니다. '돈까스'는 어디서 온 말일까요?

이는 우리 생활 속에 퍼져 있는 전형적인 일본식 외래어예요. 본래는 '돼지고기'를 뜻하는 포크pork와 '얇게 저민 고기'라는 뜻의 커틀릿cutlet을 합해 '포크커틀릿pork cutlet'이라고 해야 하는데, 일본 사람들은 '포크' 대신 '豚(돼지 돈)'을 쓰고 '커틀릿'을 '까스레스'라고 발음해 '돈까스레스'라고 했어요. 이 말이 한국에 들어오면서 그냥 '돈까스'라고 불렸지요.

쇠고기를 넓적하게 저며 튀긴 '비후까스'도 같은 과정을 거쳤어요. '비후까스'에서 비후는 '쇠고기'를 뜻하는 비프beef이고, '까스'는 까스레스를 줄인 말이랍니다. 그러니 '돈까스'와 '비후까스'라는 말을 해외에서는 쓰지 않는 게 좋겠지요?

로마의 황제 아우구스투스가
복권을 팔았다고?

—

lotto
복권

복권을 최초로 만들어 판 사람은
로마의 초대 황제 아우구스투스입니다.
그는 복권 당첨금의 일부를 로마 복구 자금으로 활용했지요.

우리는 누군가의 신조를 '모토motto'라고 합니다. 그런데 왜 '복권'을 가리키는 영어 lotto는 '로토'가 아니라 '로또'라고 표기하고 발음하는 걸까요? 누군가는 '로또가 이탈리아어에서 온 단어라서 그 느낌을 최대한 살리려고 그렇게 한 게 아닐까요?'라고 말할 수도 있어요. 물론 이러한 설명은 그럴듯해 보여요. 하지만 모토 역시 16세기에 이탈리아어에서 영어로 들어온 단어라는 점에서 설득력이 떨어져요. 아직 정확하게 알려진 근거는 없습니다. lotto를 로또로 발음하는 데에는 인생 역전을 꿈꾸는 사람들의 특별한 감정이 깔려 있지 않을까 추측만 해 볼 수 있어요.

로또의 어원은 고대 프랑스어 로트lot예요. 이 로트는 '할당' '보상' '상' 등의 의미랍니다. 이탈리아 사람들은 1530년 이 로트를 차용해 로 또라는 단어를 만들었어요. 그리고 이 단어가 18세기에 영어로 들어 갔지요.

복권의 기원은 그보다 오래전인 고대 로마 시대까지 거슬러 올라가요. 로마의 귀족들은 연설을 자주 했는데 분위기를 고조시키기 위해 연단 아래에 모인 사람들에게 물건을 던져 주었다고 해요. 사람들은 이 물건을 받으려고 흥분 상태로 함성을 지르며 몰려들었어요. 이 광경을 멀리서 보면 사람들이 귀족의 연설에 환호를 보내는 것처럼 보이는데 그 효과를 노린 거죠. 간혹 크기가 너무 커서 던져 주기 어려운 물건도 있었는데, 이 경우에는 물건의 이름을 적은 증서로 대신했어요. 예를 들어 '탁자'라고 적힌 증서를 뿌리고 그것을 주워 오면 탁자를 내주는 형식이었지요.

복권을 최초로 만들어 판 사람은 로마의 초대 황제 아우구스투스였다고 합니다. 그는 복권 당첨금의 일부를 노예, 집, 배 등으로 배당하고 나머지 돈을 로마 복구 자금으로 활용했다고 해요. 이때부터 복권이 서서히 상업성을 띠기 시작했지요.

중세 이탈리아에는 '행운의 상점'이 있었어요. 소액의 돈을 내고 안으로 들어온 손님이 '행운의 항아리'에서 번호표를 꺼내 그 번호와 일치하는 물건을 받는 장소였지요. 오늘날처럼 번호 추첨을 통해 당첨자를 가리는 복권도 이탈리아에서 시작되었어요. 1530년 피렌체에서 발행한 복권이 그 시초랍니다. 당시 대단히 성공적이어서 빠른 시간에 이탈리아 전역으로 펴져 나갔다고 해요. 이런 것을 보면 이탈리아 사람들은 오락에서도 상당히 창의적이었던 것 같아요.

행운의 상점처럼 복권을 뽑는 장소를 '로테리아lotteria'라고 해요. 한국에서도 이 단어를 사용하지만 복권과는 전혀 관계가 없지요. 어원에 충실하자면 '롯데리아'에서 복권을 팔아야 하는데 그렇지는 않으니까요. 이처럼 어원은 우리의 언어생활과 문화생활에 대해 많은 생각을 해 보게 한답니다.

3.
중세 봉건 사회,
십자가를 사이에 둔 동서양

'모든 길은 로마로 통한다.'는 말은 틀린 말이다?

route
길

서양을 지배했던 로마 제국이 병사 이동을 위해 만든 길들은
중세에 들어오면서 사라지기 시작했어요.
인접국의 침입을 막는다는 목적으로 길을 없애기도 했죠.
그렇게 로마 시대 때 만든 도로는 황폐해지고
그 자리에 거대한 원시림이 자리잡았어요.

'길'을 뜻하는 루트route의 어원은 라틴어 룸페레rumpere입니다. 의미는 '깨다' '부수다'예요. 이 동사의 과거 분사 룹타rupta에 '길'을 뜻하는 명사 비아via를 붙이면 비아 룹타via rupta가 되는데, '강제로 연 길'이라는 의미이지요.

중세 유럽은 넓은 원시림으로 덮여 있었어요. 하지만 근대로 넘어오면서 타국과 교류할 필요성 때문에 원시림의 나무들을 '잘라 내고 강제로 길을 연' 것이죠. 보통 영어 단어에서 수동의 의미를 드러내고 싶으면 과거 분사를 쓰지요? 그래서 루트도 룸페레의 과거 분사에서부터 변화한 거랍니다. 과거 분사 룹타는 고대 프랑스어에서 뤼트rute, 다시 루트route로 바뀌었다가 영어로 들어가 오늘날 루트가 되었지요.

길 이야기를 좀 더 해 보지요. 태초부터 인간이 두 발로 움직이는 자리에는 자연히 길이 생겼어요. 때로는 특수한 목적으로 길을 만들기도 했지요. 앞에서 얘기했던 소금을 운반하기 위해서 만든 비아 살라리아나 상거래를 위해서 만든 실크 로드처럼요. 병사들이 움직일 때는 가장 큰 길이 만들어졌어요. 고대 로마 제국이 병사 이동을 위해 만든 길 덕분에 '모든 길은 로마로 통한다.'라는 표현까지 생겨날 정도였죠.

중세로 들어오면서 길의 운명은 달라졌어요. 중세 유럽은 자급자족의 장원을 기초로 한 지방 분권 사회였기 때문에 다른 지역으로 가는 길이 더 이상 필요하지 않았거든요. 새로 길을 만들기는커녕 버젓이 있는 길마저 인접국의 침입을 막는다는 목적으로 파괴하기도 했어요. 이로써 로마 시대 때 만든 도로는 황폐해지고 거대한 원시림이 형성된 것이죠.

◆◆◆
장원은 자급자족할 수 있는 구조를 갖추고 있었기 때문에 이 안에서 살고 있는 사람들은 바깥으로 나갈 필요가 없었어요.

중세 사람들은 자신이 속한 장원에서 다른 장원으로 이동할 때 어두운 숲 속을 통과해야 했어요. 이러한 여행을 할 때마다 사람들은 두려울 수밖에 없었지요. 당시 숲 속에서는 길을 잃거나 짐승 혹은 산적의 습격을 받기 십상이었거든요. 우리에게도 잘 알려져 있는 영국의 전설적인 인물 로빈 후드 역시 원시림을 근거지로 삼고 포악하고 부패한 귀족, 수도사, 상인을 습격했던 중세 시대의 영웅이랍니다.

중세 원시림과 관련된 황당한 이야기도 있습니다. 백 년 전쟁이 한창이던 1356년 9월의 이야기입니다. 에드워드 흑태자가 이끄는 영국군은 프랑스 서부에서 남하하고 있었고, 장 2세가 이끄는 프랑스군이 영국군을 쫓고 있었어요. 양군은 똑같이 남하하면서도 울창한 숲 때문에 서로의 동태를 확인할 수 없었습니다. 며칠이 지난 어느 날, 전혀 예상하지 못한 일이 벌어졌어요. 영국군을 쫓던 프랑스군이 영국군을 추월한 거죠. 영국군의 선두 부대와 뒤쫓고 있던 프랑스군의 후미 부대가

백 년 전쟁은 중세 말기에 프랑스와 영국 간에 왕위 계승 논란을 시작으로 일어나
실제로는 100년보다 더 길게 이어졌어요.
전쟁 후반, 잔 다르크의 등장으로 프랑스의 국민 의식이 고조되면서
길고 긴 전쟁의 승리는 프랑스에게 돌아갔습니다.

만나 버렸고, 깜짝 놀란 양군은 즉시 교전에 들어갔어요. 결과는 영국 군의 승리로 돌아갔지요. 이것이 유명한 푸아티에 전투입니다.

중세 시대가 끝나고 통상이 활발해졌지만 도로 사정은 좋아지지 않았어요. 비포장도로가 많아서 비가 오면 도로는 순식간에 진창길로 변했지요. 포장길의 소유주는 도보세, 마차세, 다리세 등 다양한 명목으로 돈을 뜯어냈고요.

땅에 떨어진 물건은 도로 소유주의 것이라는 이상한 관습 때문에 일부 악덕 영주는 화물이 마차에서 쉽게 떨어지도록 일부러 길을 울퉁불퉁하게 만들기도 했다니 실소를 하지 않을 수 없습니다.

왜 집 떠나면 고생일까?

오늘날 우리는 참으로 쉽게 여행을 합니다. 차, 기차를 통해 매우 편하게 하지요. 비행기를 타면 하루도 안 걸려서 지구 저편에 갈 수 있고요. 반면에 옛날 사람들에게 여행이란 엄청난 고난의 길이었어요. 이런 사실은 어원에도 그대로 나타나요. '여행'을 뜻하는 트레블 travel은 '일하다'라는 의미를 지닌 프랑스어 트라바이에travailler, 에스파냐어 뜨라바하르trabajar와 동일한 어원에서 나왔어요. 이들은 모두 중세 라틴어 트레팔리움trepalium에서 유래했는데, 이 단어는 '셋'을 뜻하는 트리아tria와 '회초리'를 뜻하는 팔루스palus를 합쳐 만든 말이에요. 세 개의 회초리를 하나로 묶으면 일종의 삼지창이 되는데, 옛날에는 이 삼지창으로 노예들을 독려했던 것 같아요.

이렇게 여행은 아주 힘든 일이기에 우리 선조들도 일찍부터 '집 떠나면 고생'이라고 하지 않았을까요?

중세에는 항상 칼을 들고 다니는 사람에게
오히려 다가가 악수를 청했다?

|

handshake
악수

중세 시대에는 길에서 낯선 사람을 만나면
서로 공격할 의사가 없다는 것을 보여 주기 위해 악수를 해야 했답니다.

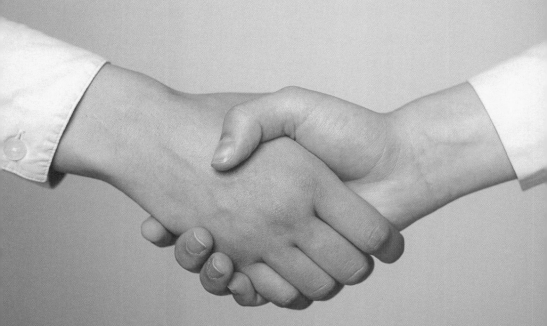

악수는 대표적인 에티켓입니다. 영어로는 핸드셰이크 handshake라고 하는데, 글자 그대로 '손을 잡고 흔들다.'라는 의미지요. 지금은 두 사람이 만나서 인사하는 방법이지만, 이 에티켓의 기원은 그리 우호적이지 않았어요. 오래전 사람들은 짐승이나 다른 사람으로부터 위협을 받으며 살았기에 의심이 많았어요. 자신을 방어하기 위해 항상 곤봉, 칼 등으로 무장을 하고 다닐 정도였지요.

만약 길을 가다가 낯선 사람을 만나면 다음 네 가지 중 하나를 직감적으로 선택해야 했어요. 첫째, 뒤돌아서서 멀어지는 것, 둘째, 자기의 자리를 지키며 싸우는 것, 셋째, 무기를 꽉 잡고 가능한 한 넓은 간격을 유지한 채 가던 길을 가는 것, 넷째, 평화롭게 머물면서 친구가 되는 것이었어요. 네 번째 방법을 택했다면, 그들은 서로에게 공격할 의도가 전혀 없음을 증명해야 했어요. 무기를 내려놓거나 혹은 멀리 놓아두고서 자신의 손이 맨손임을 보여 주어야 했지요. 그다음 상대편이 갑자기 칼을 집어 드는 것을 막기 위해서 다가가 서로의 손을 굳게 잡았어요. 이처럼 악수는 우정보다 불신에서 시작한 것이랍니다.

발표 수업을 세미나라고 부르는
이유는 무엇일까?

|

seminar
세미나

한 주제에 관해 의견을 주고받는 교육 방식을 세미나라고 해요.
'씨앗'이라는 의미의 어원으로부터 유래한 단어이지요.
발표와 토론을 통해 지식의 씨앗이
싹을 틔우길 바라는 마음이 담긴 말인 걸까요?

심포지엄이 비교적 큰 규모의 학술 대회라면 세미나seminar는 작은 규모의 학술 모임이라고 할 수 있어요. 또 심포지엄이 주로 교수나 학자들이 참가하는 것이라면, 세미나는 보다 다양한 사람들이 참여하지요. 대학생들도, 자동차 정비소 아저씨도, 미용실 아주머니도 세미나에 간다고 말할 수 있어요. 이때 세미나는 소규모 공부 모임뿐만 아니라 새로운 정비 기술이나 미용 기술을 알려 주고 배우는 모임을 말해요.

세미나의 어원은 라틴어 세미나리움seminarium이에요. 세미나리움은 '씨앗'이라는 뜻의 명사 세멘semen에서 파생한 단어지요. 세미나리움은 못자리, 즉 볍씨를 뿌려 모를 기르는 곳을 가리킵니다. 이 단어가 독일어로 들어가 세미나seminar가 되었는데, 그때의 의미는 '교수와 함께 공부하는 학생들의 집단'이었어요. 이것이 19세기 말에 영어로 들어가 오늘날 세미나가 되었지요. 오늘날처럼 '어떤 주제에 대해 토론을 하기 위한 모임'이라는 의미로 사용하기 시작한 것은 20세기 중반부터랍니다.

역사적으로 이 단어는 성직자 양성과 관련이 있어요. 4세기 성 아우구스티누스(초대 기독교 교회에 큰 영향을 끼친 철학가이자 사상가)가 등장하기 전에는 기독교 성직자들을 어떻게 양성했는지에 대해 잘 알려져 있지 않아요. 짐작건대 주교나 신부가 자신이 관할하는 구역의 젊은 이들을 알아서 교육했던 것 같아요. 성 아우구스티누스는 이를 개선하고자 성당 학교를 설립했고, 유럽 각지에서 이를 본떠 많은 학교를 지었어요.

트리엔트 공의회는 종교 개혁 이후 분열하고 있던 가톨릭교회를 재정비하고, 성직자들의 수준 향상을 위해 열렸던 종교 회의예요.

    중세에는 성당 학교나 수도원 학교 이외에도 파리, 볼로냐, 옥스퍼드 등지에 대학들이 설립되었어요. 하지만 이곳에서는 특정인들만이 공부를 할 수 있었기에 대부분의 성직자들은 여전히 교육을 제대로 받지 못했지요. 그들의 영적 · 지적 수준을 높이기 위해 트리엔트 공의회는 성직자 양성 학교와 관련된 법령을 만들었어요. 그러고는 성직자 양성 학교를 라틴어로 세미나리아seminaria라고 불렀습니다.

    후에 세미나는 독일 대학에서 교수의 지도 아래 상급생이 발표하고 나머지 학생들이 자기들의 의견을 주고받는 교육 방식을 뜻하게 됩니다. 오늘날 한국 대학에서 세미나라고 하면 주로 이러한 교육 방식을 가리키지요. 이 방식은 발표자가 좀 더 진지하게 준비하고 토론자는 자기 의견을 적극적으로 피력할 수 있다는 장점이 있어 대학원 수업에서 많이 사용하고 있어요. 교수나 교사가 지식을 일방적으로 전달하는 한국 대학 수업의 단점을 보완할 수도 있지요. 세미나는 어원대로 지식의 씨앗을 널리 퍼뜨리는 행위 또는 장소라고 할 수 있을 것 같네요.

96 | 단어로 읽는 5분 세계사

종종 '온상溫床'이라는 뜻으로도 세미나를 사용해요. 영국의 역사가 토머스 매콜리는 1849년 자신의 책《영국사》에서 "감옥은 지구 위의 지옥이고 모든 죄와 병의 세미나였다."라고 적었지요. 이는 감옥이 죄와 병을 퍼뜨린다는 뜻으로 '온상'을 대신해 사용한 좋은 예라고 할 수 있어요.

여러분도 나름대로 세미나를 만들어 자신이 가진 지식의 씨앗을 배양해 다른 사람들에게 나누어 주면 어떨까요?

로망은 낭만이라는 뜻과
전혀 관계가 없다?

roman
로망

로망은 문학사적으로 '중세 프랑스 문학의 운문체 소설'을 의미하는 말로,
낭만이란 의미와 관계가 없어요.

얼마 전 인터넷에서 다음과 같은 질문을 보았어요.

신문 기사, 텔레비전 예능 프로그램 등에서 젊은이의 '로망', 여자들의 '로망'이라는 문장이 등장했는데, 이 뜻이 '낭만'이란 의미의 로맨스와는 다른 뜻을 지닌 것 같아 궁금해요.

여기에 대답하자면 젊은이의 로망, 여자들의 로망에서 로망roman은 '바람' '소망' '원하는 것이나 사람' 등으로 쓰이는데, 이것은 잘못된 언어 사용이에요. '로망'에는 이러한 의미가 전혀 없기 때문이죠. 로망과 로맨스romance는 문학사에서 '중세에 나온 연애 소설'을 의미해요. 로망은 '중세 프랑스 문학의 운문체 소설' '이야기' '장편 소설'을, 로맨스는 '연애' '연애 감정' '연애 소설'을 말하니까요. 중세 프랑스 소설은 무용담과 연애 이야기이고, 그러한 이야기는 어떤 사람을 원하는 감정과 관련이 있으니 유추에 유추를 거듭하면 지금과 같은 의미로도 볼 수는 있겠지만 단어의 오용일 뿐이지요.

로맨스의 어원은 '로마의'라는 뜻의 라틴어 로마누스romanus까지 거슬러 올라가요. 로마누스에서 로마니쿠스romanicus라는 형용사가 나오는데, 의미는 '로마 양식의' 또는 '로마 양식으로'였어요. 로마니쿠스에서 나온 고대 프랑스어 로만즈romanz는 '토착어로'라는 의미였지요. 이 로만즈에서 영어 로맨스romance가 나온 것입니다.

여기서 말하는 '토착어'란 어떤 언어일까요? 그것은 프랑스어, 에스파냐어 등과 같은 각 유럽 지방 언어예요. 토착어는 당시 유럽의 공통어였던 라틴어와 대립되는 개념이었어요. 중세의 문학 작품은 대부분 라틴어로 쓰였어요. 12세기경에 프랑스의 토착어인 프랑스어로 재미있는 이야기를 쓰는 경향이 나타나기 시작했는데, 이를 로맨스 또는 로망이라고 불렀지요. 처음에는 프랑스어로 쓰인 이야기 모두를 그렇게 불렀으나 서서히 운문으로 된 무용담, 연애담만을 가리키게 되었답니다. 영어는 프랑스어에서 이 단어의 좁은 의미만을 차용했어요.

16~17세기 들어 로맨스는 일상생활과 거리가 있는 이상한 사건을 다룬 긴 산문체 작품을 지칭하는 말로 쓰였어요. 아마도 로맨틱romantic이라는 형용사의 영향을 받아 변화한 것으로 추정돼요. '기사도적인' '용감한' '이국적인' '상상의' '이상적인'의 의미로 사용되던 로맨틱은 1728년 이후 '사랑' '연인' '우정' 등과 결합해 인간관계의 이상적인 상태를 지칭하게 되었어요. 로맨틱의 영향으로 로맨스가 '애정 사건' '애정의 이상적인 상태' '사랑 이야기' 등의 뜻으로 쓰인 것이지요.

로망이나 로맨스의 번역어처럼 사용되는 '낭만'이라는 단어는 어디서 왔을까요? 낭만은 한자로 浪漫이라고 써요. 이 단어는 일본 사람들이 '로망'을 원음에 가깝게 표기하기 위해 한자의 음만 가져온 거예요. 일본 사람들은 '浪漫'이라고 표기하고 '로만'으로 읽지요. 그러나 그들과 표기법과 발음법이 다른 우리가 로망을 '바람' '원하는 사람이나 물건'으로 사용하는 것은 잘못된 언어 사용이죠.

콩트는 '개그'가 아니라 '단편 소설'을 의미하는 말?

로망이 장편 소설을 가리킨다면 콩트conte는 단편 소설을 가리키지요. 콩트는 손바닥 안에 들어갈 정도의 크기여서 '손바닥 소설'이라고도 불린답니다. 이 장르는 인생의 한 단면을 예리하게 포착해 쓰는 짧은 소설로, 기발, 압축, 급전을 특징으로 하며 기지, 유머, 풍자가 넘치지요.

콩트는 12세기에 '이야기하다'를 뜻하는 프랑스어 동사 콩테conter에서 파생한 명사로, 본래는 내용이나 길이와 상관없이 운문을 일컫는 말이었으나, 중세 말기부터 재치와 풍자가 넘치는 짧은 소설을 가리키게 되었어요. 17세기의 장 드 라퐁텐, 18세기의 볼테르 등은 훌륭한 콩트를 남긴 작가들이죠. 특히 라퐁텐은 세심한 관찰력으로 많은 콩트를 썼는데, 인간과 사회를 풍자한 그의 《우화 시집》은 지금도 사랑받고 있어요.

콩트가 가장 널리 쓰인 때는 19세기예요. 대표 작가로는 오노레드 발자크, 귀스타브 플로베르, 기 드 모파상, 알퐁스 도데 등을 들수 있지요. 플로베르의 《세 가지 이야기》, 도데의 《월요 이야기》 등은 특히 유명합니다.

중세에는 포크를 사용하는 일이
야만인의 행동이었다고?

|

fork
포크

포크가 식탁에 오른 것은 최근에 생긴 일입니다.
성직자들이 이를 금지했기 때문이지요.
유명한 지성인 미셸 몽테뉴조차 손으로 음식을 먹다가
손가락을 깨물기도 했어요.

흔히 손으로 음식을 먹으면 야만인이고 포크fork와 나이프로 먹으면 문명인인 것처럼 생각하지요. 중세 서양에서는 정반대였어요. 포크로 식사하는 것을 오랫동안 금했기 때문이지요. 포크의 어원은 '건초용 갈퀴'를 의미하는 라틴어 푸르카furca입니다. 어원에서도 엿볼 수 있듯이 포크는 처음에 식사용 도구가 아니었어요. 식탁 위에 올라오기까지는 상당한 시간이 필요했지요.

포크는 성경에 등장해요. 8세기 말 앵글로·색슨계 사람들(현재 영국 국민의 대부분을 구성하는 민족)의 유물에서도 발견되었지요. 하지만 중세에 들어와 사라져 버려요. 그렇게 만든 사람들은 바로 성직자였어요. 그들은 포크로 하는 식사가 하느님이 주신 음식이 인간의 손으로 만지지 못할 만큼 더럽다고 선언하는 불경한 행동이라고 생각해 사람들에게 포크를 사용하지 않도록 가르쳤지요.

동로마 제국의 왕궁에서는 포크 문화가 그대로 이어졌어요. 그러다 보니 두 문화권 사람들이 만나면 갈등이 생기기도 했지요. 11세기 동로마 제국의 한 공주가 베네치아 총독에게 시집을 오자마자 곧 스캔들의 주인공이 되었어요. 그녀가 두 갈래로 된 금제 포크로 식사를 했기 때문이죠. 곧바로 베네치아 사람들은 비잔틴 공주를 따라 포크로 음식을 찍어 먹기 시작했어요. 이탈리아 성직자들은 지나친 사치라고 비난했지만 사람들을 완전히 막지는 못했어요. 이런 변화는 오랜 시간이 지나 이탈리아 중심부에까지 도달하지요.

포크 사용을 금지하는 관행은 15세기에도 이어졌어요. 1480년에 발간된 《훌륭한 아동의 행동에 관한 책》을 보면 "Take your meat with three fingers only and don't put it into your mouth with both hands."라고 적혀 있어요. "세 손가락으로만 고기를 집고, 두 손으로는 입에 넣지 마라."는 뜻이지요. 당시에는 음식을 먹을 때 다섯 손가락이나 두 손을 사용하는 사람은 하층민이었답니다.

앵글로·색슨계 사람들 중에서도 포크 사용을 시도한 사람이 있었어요. 바로 12세기에 대법관과 대주교를 역임한 영국의 토머스 베킷이랍니다. 그는 이탈리아 볼로냐 대학교에서 법률을 공부하고 돌아와 영국 왕실에 포크 사용을 소개했어요. 하지만 1170년 그가 세상을 떠나면서 이러한 시도도 끝이 나고 맙니다.

1611년에 영국 여행가 토머스 코리아트도 이탈리아 사람들의 포크를 사용하는 관행을 영국에 소개했지만 사람들은 그를 '포크를 가져오는 여행자'라고 비웃거나 까다로운 사람으로 생각했다고 하네요.

이탈리아 문화를 영국보다 좀 더 일찍 수용한 프랑스에서조차 포크 사용은 쉽게 확산되지 못했어요. 16세기 말 프랑스의 사상가 미셸 몽테뉴는 이탈리아를 여행할 때 식탁에 있던 숟가락을 사용하지 않고 손으로 식사했다고 해요. 자신이 음식을 너무 빨리 먹는다고 자책하며 "이따금씩 나는 너무 급하게 음식을 먹다가 손가락을 깨물기도 한다."라고 고백하기도 했지요.

포크가 지금처럼 네 갈래가 된 것은 17세기로, 18세기 말이 되어서야 모든 사람들이 포크를 사용하기 시작했다고 합니다.

중세 사람들이 허리에 나이프를 차고 다닌 이유는?

포크와 한 쌍을 이루는 것은 나이프예요. 포크와는 달리 나이프는 아주 오래전부터 식탁 용구로 여겨졌어요. 하지만 집주인이 제공하지 않는 물건이었지요. 중세 사람들은 나이프를 자기 허리춤에 차고 다녔답니다. 얼마 전까지만 해도 프랑스 시골에서는 이러한 풍습을 볼 수 있었다고 하네요.

나이프knife의 어원은 분명치 않아요. 고대 스칸디나비아어 크니프르knifr에서 나온 고대 영어 크니프cnif에서 오늘날 나이프가 나오지 않았을까 추정만 하고 있을 뿐이죠. '주머니칼'을 의미하는 프랑스어 카니프canif도 같은 단어에서 생긴 것으로 보고 있어요.

나이프의 크기와 모양은 조금씩 달랐지만, 한 가지 분명한 것은 처음에 끝이 뾰족했다는 것이에요. 끝을 둥글게 만든 사람은 16~17세기 프랑스의 추기경이며 정치가였던 A. 히슐리외 공작이에요. 공작은 어느 잔치에서 손님 중 한 사람이 나이프로 이를 쑤시는 것을 보고 못마땅하게 여긴 나머지 다음 날 집사를 시켜 칼끝을 줄로 갈아 둥글게 만들었다고 해요. 이후 1700년경부터 모든 사람이 끝이 둥근 칼을 사용하게 되었지요.

프랑스의 최초 매거진에는
왜 남성을 위한 내용만 담겨 있었을까?

magazine

매거진

원래 매거진은 무기, 탄약과 같은 물건을 보관하는
장소를 의미했어요. 18세기에 들어와서야
정보를 담는 공간이라는 의미가 더해졌지요.
프랑스 최초 매거진 또한 주로 남성들을 위한 정기 간행물로
무기, 사냥, 야외 활동과 관련된 내용을 담았답니다.

매거진magazine을 인터넷으로 검색해 보면, '시사 뉴스 매거진' '시사 경제 매거진' '디지털 매거진' '웹 매거진' 등등 참으로 많은 결과가 나옵니다. 이밖에도 텔레비전, 라디오의 코너명이나 잡지 이름으로도 사용하지요. 이들의 공통점은 무엇일까요? 바로 정보를 전달해 준다는 의미로 매거진이 쓰인다는 겁니다.

지금은 매거진이 정보를 담고 있는 잡지를 의미하지만, 과거에는 그렇지 않았어요. 이 단어의 어원은 아랍어 마카진makhazin으로, 본래 '곡식을 보관하는 창고'를 의미했지요. 그러다 의미의 영역이 점차 확장되어 무기, 탄약과 같은 물건까지도 넣어 두는 '저장소'라는 뜻이 되었지요.

이 단어와 개념이 유럽에 전해진 것은 십자군 전쟁 때였어요. 이 전쟁을 통해 아랍에서 유럽으로 들어온 것이 꽤 많답니다. 약 200년 동안 전쟁이 진행되면서 동·서 유럽 사회에 많은 변화를 가져왔죠. 서유럽에서는 교황권이 후퇴한 반면 국왕의 권력이 강해지고 지중해를 배경으로 동서 무역이 활발해지면서 도시와 상업이 발달했습니다.

여기에서 빠뜨리지 말아야 하는 것은 바로 이슬람 문화의 전래입니다. 이러한 흔적을 엿볼 수 있는 곳은 북이탈리아예요. 십자군 전쟁으로 최대의 경제 이익을 본 곳이었기 때문일까요? 마카진이라는 단어도 이탈리아어로 가장 먼저 들어왔어요. 이 단어가 이탈리아어에서는 마가지노magazzino로 변화했어요. '무기 창고'라는 의미였지요. 이 단어가 중세 프랑스어에서는 마가젱magasin으로, 16세기에는 영어로 들어가 오늘날과 같은 형태인 매거진magazine이 되었어요.

18세기에 사람들은 매거진을 '정보의 저장소'라는 의미로 사용하기 시작했어요. 매거진 역사에서 결정적인 사건은 1731년 《젠틀맨 매거진》 제1호의 발간이었습니다. 이 정보지는 "위에서 언급한 주제들과 관련해 가장 주목해야 할 부품들을 마치 매거진처럼 저장하는 월간지"라고 스스로를 소개했어요. 여기서 '부품'이란 무기고 안에 보관된 병기를 말해요. 이때만 해도 매거진은 '정기 간행물'이 아니었답니다. 시간이 지나 규칙적으로 나올 필요성이 커지면서 매거진도 정기적으로 발행되기 시작했지요.

매거진은 물건을 저장하는 곳일 뿐만 아니라 물건을 파는 곳이기도 했던 모양입니다. 17세기 프랑스어 마가쟁은 물건을 대량으로 파는 장소도 지칭했거든요. 소량으로 파는 부티크와는 반대 의미였지요. 19세기에는 이 둘을 혼용했지만, 장소가 넓거나 호화로운 물건을 파는 곳이면 부티크 대신에 마가쟁이라고 불렀어요. 오늘날 프랑스어로도 '백화점'을 그랑 마가쟁grand magasin이라고 하는데, 그랑grand은 '큰'이라는 의미의 형용사이고, 마가쟁은 바로 위에서 언급한 것처럼 '물건을 파는 장소'를 가리키는 명사랍니다.

프랑스어 이야기를 한 김에 '잡지'라는 의미의 프랑스어 마가진 magazine에 대해서 좀 더 알아보기로 하지요. 프랑스어 명사들은 대개 여성 명사, 남성 명사로 나뉘어요. 보통은 철자 e로 끝나면 여성 명사일 가능성이 크지요. 그런데 마가진은 남성 명사입니다. 이 단어를 이렇게 분류한 것은 본래의 의미와 관련이 깊어 보여요. 마가진은 무기, 탄약과 같이 남성들과 관련된 물건을 보관하는 장소였고, 18세기에

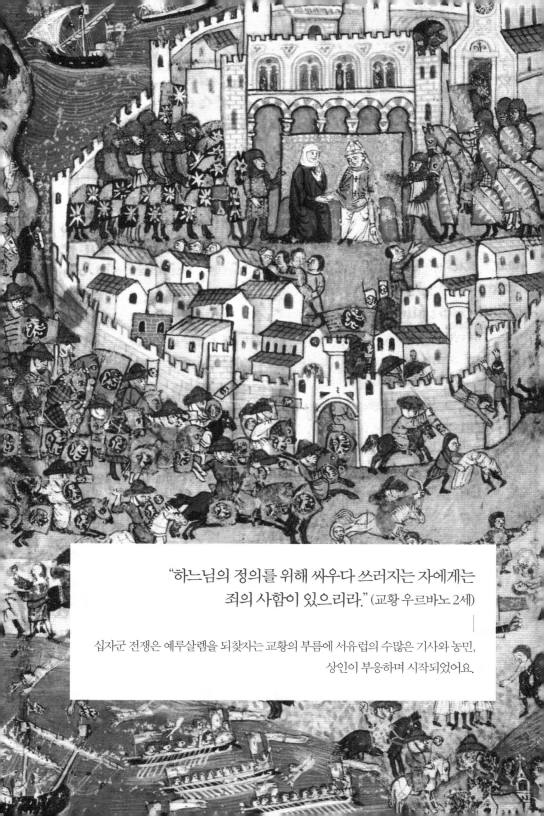

"하느님의 정의를 위해 싸우다 쓰러지는 자에게는 죄의 사함이 있으리라."(교황 우르바노 2세)

십자군 전쟁은 예루살렘을 되찾자는 교황의 부름에 서유럽의 수많은 기사와 농민, 상인이 부응하며 시작되었어요.

정기 간행물이 나올 때도 주로 무기, 사냥, 야외 활동과 관련된 정보를 제공했기 때문에 이 단어를 남성 명사로 취급한 것으로 보입니다.

왜 우리나라에서만 부티크가 '고급'을 의미할까?

부티크boutique는 '멋있고 개성적인 의류나 액세서리 따위를 취급하는 비교적 규모가 작은 가게'를 말해요. 20세기 중엽 파리의 패션 업계 종사자들은 자신의 부티크 살롱 위층이나 아래층에 작은 매장을 만들어 의상 관련 제품이나 디자이너 이름이 들어간 화장품, 기성복, 향수뿐만 아니라 모자, 스카프, 장신구 등을 팔았지요. 이것이 바로 부티크의 유래랍니다.

부티크의 어원은 라틴어 아포테카apotheca에서 찾을 수 있어요. 아포테카는 '필요한 물품을 보관하는 곳'을 가리켰지요. 이 단어는 '작은 가게'를 의미하는 고대 프랑스어 보티크botique가 되었다가 14세기 중엽에 부티크boutique로 변화했지요. 부티크는 처음에 매거진처럼 '창고'를, 1767년부터는 모든 종류의 '작은 가게'를, 1953년부터는 주로 '종합 패션 매장'을 의미하게 되었어요.

한국에서는 '부티크'가 '부富'를 연상시켜 이 단어를 주로 고급 의상실이나 고급 미용실을 일컬을 때 사용해요. 프랑스보다 훨씬 제한된 의미로 사용하고 있지요.

인류 최초의 테니스 경기에는
라켓이 없었다?

tennis
테니스

최초의 테니스는
라켓 없이 손바닥으로 공을 쳐서 넘기는 놀이였다고 합니다.
그 이후 프랑스 성직자들부터
왕족과 귀족들까지 사랑한 스포츠가 되었지요.

요즈음 한국인들에게 귀족 운동이 무엇이냐고 물으면 거의 '골프'라고 답할 겁니다. 공기 좋고 경치 좋은 야외에서 파란 잔디 위에 놓인 하얀 공을 치는 골프는 그렇게 불리기 충분해 보입니다. 하지만 골프는 처음부터 귀족들의 운동이 아니었어요. 양치기가 하던 심심풀이였지요. 넓은 초원에서 양치기가 긴 지팡이로 돌멩이를 툭툭 쳐서 조금 떨어져 있는 토끼 굴에 집어넣은 것이 오늘날 골프의 기원이랍니다.

옛 서양에서 상류층이 즐긴 운동은 테니스tennis였어요. 기원에 대해서는 의견이 분분하지만, 십자군이 중동에서 유럽으로 전파한 스포츠란 것은 분명해요.

오늘날 테니스와 가장 가까운 형태는 프랑스에서 시작했다고 전해져요. 처음 프랑스에서 하던 테니스 경기 방법은 손바닥으로 공을 쳐서 넘기는 것이었답니다. 그래서 이 운동을 '손바닥 놀이'라는 뜻으로 주드 폼jeu de paume이라고 불렀어요. 프랑스어 주jeu는 '놀이'라는 명사, 드de-는 '-의'라는 전치사, 폼paume은 '손바닥'이라는 명사지요. 손바닥으로 공을 치면 손이 다칠 수도 있겠지요? 그래서 생각해 낸 것이 장갑을 끼고 그 위에다 줄을 감는 것이었어요. 이것이 라켓racket의 기원이랍니다. 이 단어의 어원에 대해서도 의견이 분분한데, 대개 아랍어 라핫rahat이 중세 프랑스어 라케트raquette가 되고, 여기서 영어 라켓racket이 나왔다고 보고 있지요. 아랍어 라핫은 '손바닥'을 가리키는 단어예요.

테니스를 처음 즐긴 사람들은 성직자들이었다고 합니다. 역사적으로 12세기 프랑스 성직자들은 테니스에 심취해 있었어요. 한 성직자

는 테니스를 너무 즐긴 나머지 미사까지 빼먹었다고 하지요. 고위 성
직자들은 이를 크게 걱정했어요. 1245년에 루앙 대주교는 모든 성직
자에게 테니스를 금지하는 칙령까지 내렸다고 해요. 오늘날 한국 공
직자들에게 골프를 금지한 것처럼 말이에요.

테니스에 대한 사랑은 왕실과 귀족들에게도 이어졌어요. 왕들이 이
운동을 즐기자 '로열 테니스royal tennis'라고 불리기도 했어요. 프랑스의
루이 10세는 테니스를 치다가 감기에 걸려서 27살에 요절했다고도 합
니다. 테니스 유행은 평민들에게도 그대로 이어졌지요. 그런데 평민들
사이의 테니스는 내기로 전락해 좋지 않은 사회 분위기를 만들었어
요. 이에 프랑스의 샤를 5세는 파리 내에서의 테니스를 한때 금지하기
도 했답니다.

테니스는 어디서 유래한 말일까요? 문헌학자들의 주장에 의하면 테
니스라는 명칭은 프랑스어 명령문 트네Tenez에서 유래했다고 합니다.
이것은 공을 넘기기 전에 상대편의 주의를 끌기 위해 "받으세요!"라고

외치던 말이었어요. 이 소리를 들은 영국 사람들이 그것을 테니스라고 옮겨 적었다고 하네요.

테니스는 14세기에 스코틀랜드를 거쳐 영국에 전해졌어요. 프랑스 사람들이 테니스의 창시자라면 영국 사람들은 그들의 가장 똑똑한 제자들이라고 할 수 있지요. 테니스 실력이 뛰어났다고 전해지는 영국 왕 헨리 8세는 1530년 궁전에다 코트를 만들기도 했어요. 테니스 유행은 계속되어 19세기에는 코트 테니스 대신에 오늘날과 같은 잔디 테니스가 등장했지요. 잔디 테니스는 세계에서 가장 오래된 테니스 대회인 윔블던 대회에도 도입되었어요. 이 대회는 과거의 전통을 살리려는 의미에서 모든 테니스 경기 참가자로 하여금 왕족과 귀족을 상징하는 흰색 운동복을 착용하게 했지요. 이 아름다운 전통은 오늘날까지 이어지고 있답니다.

+1분 세계사

테니스에선 러브가 전혀 사랑스럽지 않은 말이다?

테니스 경기를 보다 보면 '피프틴-러브' '서티-러브' '포티-러브'라는 용어를 자주 들을 수 있어요. 경기 규칙을 아는 사람은 그것이 '0', 즉 1점도 획득하지 못했다는 것을 알지만, 그렇지 않은 사람은 궁금할 거예요.

테니스 경기에서 '0'을 왜 '러브love'라고 부르게 되었는지는 아직도 분명치 않아요. 다만 두 가지 정도의 추측만 있지요. 하나는 'a labour of love, neither for love nor money(사랑이나 돈이 아니라 그냥 좋아서 하는 노동)'이라는 표현에서 알 수 있듯이 16~17세기 영국 영어에서 러브는 '아무것도 아님'을 의미했답니다. 또 하나는 0의 형태가 달걀과 비슷해서 프랑스 사람들이 뢰프l'œuf(달걀을 의미하는 프랑스어)라고 했고 그것이 영국 사람들에게는 러브처럼 들렸던 것이죠. 마치 프랑스 사람들이 '받으세요!'라는 의미로 말한 트네를 영국 사람들이 테니스로 옮겨 적은 것과 같은 이치죠. 1점도 얻지 못해 짜증 나는 선수에겐 '제로'보다는 '러브'가 훨씬 큰 위안이 되겠지요.

4.
학문과 문화가
꽃피운 르네상스

레오나르도 다빈치, 미켈란젤로……
14세기에 이름을 남긴 예술가가 많은 이유는?

renaissance
르네상스

중세는 '암흑 시대'라 불릴 정도로 신 중심의 사회였어요.
14세기부터 인간의 자유와 존엄성을 찾으려는 르네상스 운동이
예술가들을 중심으로 퍼져 나가면서 문화가 꽃을 피우지요.

흔히 르네상스renaissance를 '부활' 또는 '부흥'이라고 옮깁니다. 이는 어원에 아주 충실한 번역입니다. '다시'라는 의미의 '르re-'와 '출생'이라는 의미의 '네상스naissance'를 붙여 만든 말이거든요. 이 단어의 어원은 라틴어 레나스케레renascere까지 거슬러 올라갑니다. 여기에서 나온 고대 프랑스어 르네트르renaître에서 14세기에 르네상스라는 명사가 나왔지요. 프랑스의 사학자 쥘 미슐레가 1855년 14~16세기의 유럽을 '문화적으로 새로운 시대'라고 정의하면서 처음으로 '르네상스'라는 용어를 사용한 것으로 알려져 있답니다.

14세기 유럽에는 무슨 일이 일어난 것일까요? 간단히 말하면 약 1000년간 신에게 눌려 있던 인간이 '다시 태어났다.'라고 할 수 있어요. 흔히 400~1400년 무렵에 이르는 시간을 인간의 창조성이 무시된 '암흑 시대'라고 부르지요. 어떤 학자들은 중세가 '암흑 시대'만은 아니었다고 주장하지만, 이 긴 시간 동안 인간이 신에게 억눌려 있었다는 데는 모든 학자가 동의하고 있어요. 14세기 후반부터 이탈리아를 시작으로 유럽 전역에서 중세의 신 중심 사고를 거부하고 인간의 자유와 존엄성을 찾고자 하는 흐름이 생겨났어요. 이와 관련해 문학, 미술 등 문화 전반에서 인간 중심의 고대 그리스·로마 시대의 경향을 부활시키려는 운동을 바로 르네상스라고 합니다.

르네상스의 기본적인 요소는 이탈리아의 시인 프란체스코 페트라르카가 설정했다고 합니다. 그는 고대 그리스·로마 시대를 문화의 절정기로, 중세를 인간의 창조성이 철저히 무시된 암흑기로 규정하면서, 인간 중심적인 고전 학문과 문화의 부활을 통해 문명을 부흥시키고 사회

◆◆◆
페트라르카는 르네상스 시기에 아름다운 서정시를 많이
쓴 것으로 유명해요.

를 개선해야 한다고 주장했지요. 이로써 사람들은 그를 '최초의 르네상
스인'이라고 부르기도 합니다. 그가 한 말 중 주목할 것이 있어요.

"나는 내가 아는 누구하고도 다르다."

이 말은 페트라르카가 새로운 글쓰기를 강조하는 과정에서 사용했
지만, 인간의 자아의식을 보여 주는 좋은 예로도 널리 알려져 있지요.*
32세가 되던 해, 스승에게서 선물 받은 아우구스티누스의 《고백록》을
읽다가 다음과 같은 구절에 이르렀지요.

사람들은 높은 산, 거센 파도, 넓은 강, 광대무변한 대양, 그리고 성좌
의 운행을 보고 놀라지만 자기 자신에 대해서는 놀라지 않습니다.

* 박홍규 지음, 《인간시대 르네상스》, 필맥 2009, p. 44

이 구절을 읽고 본인도 자연에 대해서는 놀라지만 자기 자신에 대해서는 무관심하다는 사실을 깨닫고 인간의 본성에 대해서 연구하기 시작했다고 하네요.

페트라르카는 "나는 내가 아는 누구하고도 다르다."라는 자신의 말을 적극 실천했어요. 그는 중세의 사상가들이 역사를 동일한 사건의 연속으로 보는 것에 반대하고, 각각 독특한 개성을 가진 다양한 문명의 전개로 보았어요. 이러한 관점에서 그는 로마의 멸망부터 중세 말까지를 야만스럽고 저급한 문명의 시대로 보며, 고대 그리스와 로마의 문명을 되살려 새로운 시대를 열어야 한다고 생각했지요. 그의 이런 생각은 당시 인문주의자들의 호응을 받아 고전 학문의 부흥을 넘어서 인간의 지적·창조적 힘까지 부흥시키려는 움직임으로 이어졌어요.

그 외에도 르네상스 시기를 대표하는 사람으로 지오토 디 본도네가 있어요. 16세기 이탈리아 화가이자 미술사가로 유명한 조르조 바사리가 고대 세계의 몰락 이후 쇠퇴한 예술을 다시 부흥시킨 미술가로 그를 높이 평가해요. 우리에게도 유명한 레오나르도 다빈치, 미켈란젤로 부오니로티, 라파엘로 산치오, 조반니 보카치오 등도 르네상스 시기 대표 예술가로 꼽힌답니다.

러시아가 자랑하는 발레의 시작이 이탈리아라고?

ballet
발레

우리가 흔히 알고 있는 발레의 중심지는 러시아지만,
발상지는 이탈리아예요. 프랑스 왕실로 시집온
이탈리아 출신의 카트린 드 메디시스가 발레 문화를 가져와
점점 발전시켜 오늘날의 발레에 이르렀어요.

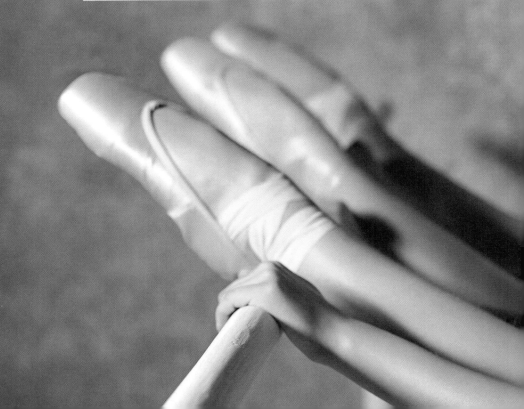

'발레ballet' 하면 어떤 나라가 떠오르나요? 아마 이탈리아, 프랑스, 러시아 등이 떠오를 것 같아요. 맞아요. 이 세 나라는 모두 발레와 깊은 관련이 있지요.

이탈리아는 발레의 발상지예요. 어원에도 그 흔적이 남아 있답니다. 발레의 어원이 '춤을 추다.'라는 의미의 이탈리아어 발라레ballare이거든요. 발라레에서 '춤'이라는 의미의 발로ballo가 나왔지요. 이렇게 말하면 "춤을 발로 추어서 그런 건가요?"라고 말장난을 걸어오는 사람도 있겠네요. 어원으로 돌아가서 발로에서 축소어 발레토balletto가 나왔습니다. '작은 춤' 정도로 보면 되죠. 발레토에서 나온 프랑스어 발레트ballette가 17세기 중엽에 발레가 되었어요.

15세기 이탈리아에서 시작된 발레는 남성들의 전유물이었어요. 발레가 본래 남자들의 춤이었다니 좀 뜻밖이지요? 요즈음은 '발레' 하면 바로 여성을 떠올리니까요. '여자 무용수'인 발레리나ballerina가 등장한 때는 한참 뒤인 17세기 후반이에요. 참고로 발레리나는 '남자 무용수'를 가리키는 발레리노ballerino의 여성형으로 나온 단어입니다.

발레를 이탈리아에서 프랑스로 가져온 사람은 누구일까요? 주인공은 바로 1533년 14세의 어린 나이로 프랑스 왕실에 시집온 카트린 드 메디시스예요. 카트린 드 메디시스는 자신의 남편 앙리 2세가 죽은 후 30여 년간 섭정을 했던 인물로, 프랑스 역사의 중요한 부분을 차지하고 있습니다. 프랑스는 이 카트린 드 메디시스에게 빚진 것이 참 많아요. 당시 파리는 메디치 가문이 있던 이탈리아 피렌체에 비하면 문명의 변방에 불과했기 때문에 메디치 가문 사람들은 귀하게 자란 어린 공주

카트린 드 메디시스는
이탈리아 피렌체 금융업을 이끌었던 메디치 가문 출신이에요.
메디치 가문은 많은 예술가들을 후원해
르네상스 시기 예술이 융성해지는 데 기여했어요.

가 시집갈 때 선진 문물이란 문물은 다 싸 주었지요. 마치 서울 여자가 시골로 시집갈 때처럼 말이에요. 당시 카트린 드 메디시스가 가져온 것 중에는 하이힐, 마카롱, 포크 등이 있어요. 이러한 역사에 비추어 보면, 문화에 가장 큰 자부심을 가지고 있는 프랑스인들을 기죽일 수 있는 유일한 민족은 이탈리아인들이라고 할 수 있어요. 카트린이 가져온 선진 문물과 문화, 그리고 그녀가 섭정 기간 동안 행했던 막대한 예술 후원이 프랑스 르네상스의 초석이 되었다고 해도 과언이 아니랍니다.

카트린 드 메디시스의 주도적인 기획 아래 프랑스 발레는 점점 발달했고, 1581년 최초의 공식 발레인 〈여왕의 발레극〉이 공연되었어요. 이후 100여 년간 발레는 궁중 예술로 남아 있었지만, 극장이 생기면서 왕족과 귀족뿐만 아니라 대중도 즐길 수 있는 예술로 발전했지요.

오늘날의 발레는 독무獨舞, 쌍무雙舞, 군무群舞로 구성되어요. 음악, 문학, 미술, 조명, 의상을 필수 요소로 하고, 안무자가 무용수의 동작을 통해 자신의 의도를 표현하는 종합 예술이지요.

여성 무용수를 주연으로 하는 발레는 1820년대에 파리에서 큰 인기를 얻었어요. 무용수가 토슈즈와 튀튀를 착용하면서 그 인기는 더욱 높아졌지요. 토슈즈는 발끝에 단단한 받침이 있는 여성 무용수의 신발을 말하는데 1820년대부터 사용되었어요. 튀튀는 천에 주름을 많이 잡아 가볍게 나부끼게 한 발레용 치마로, 18세기에 여자 무용수 마리 카마르고가 거추장스럽던 긴 치마를 싹둑 자르고 나타나 그 아래로 화려한 발동작을 보여 준 것이 유래가 되었다고 하네요. 한편 발레가 한국에 처음으로 소개된 것은 1920년대 주한 러시아 공사관 파티에서였답니다.

귀족들에게 발레가 있었다면,
당시 서민들은 어떤 춤을 좋아했을까?

발레가 귀족들의 춤이라면 캉캉cancan은 서민들의 춤이라고 할 수 있어요. 긴 주름치마를 입고 빠른 박자에 맞추어 늘씬한 다리를 높이 들어 올리는 매혹적인 춤이지요.

캉캉은 19세기 초에 생긴 말로, 본래 아이들이 오리(카나르canard)를 가리켜 쓰던 것이에요. 마치 우리나라 아이들이 '닭' 대신에 '꼬꼬', '개' 대신에 '멍멍이'라고 하는 것과 마찬가지죠. 루이-필립 시대에 유행한 이 춤도 캉캉cancan이라고 불렸는데, 엉덩이를 많이 흔들면서 추어서 오리 엉덩이를 연상시켰기 때문이에요. 서민 춤이었던 캉캉은 1845년경부터 쇼가 등장하면서 상업성을 띠기 시작했어요. 1928년 파리에 새로운 춤바람이 불 때는 '프렌치 캉캉'이란 이름으로 널리 알려졌지요. 요즈음도 파리의 물랭루주 극장에서는 저녁마다 캉캉 공연이 이어지고 있어요.

물랭Moulin은 '풍차'라는 명사이고, 루주rouge는 '붉은'이라는 형용사예요. 이 둘을 합치면 '붉은 풍차'가 되지요. 지금 이 극장이 자리하고 있는 몽마르트르에는 원래 포도주를 으깨는 과정에서 붉게 물든 풍차가 있어 그렇게 불렀답니다.

고대의 향수는 왜 사람이 아닌
신을 위한 것이었을까?

|

perfume
향수

고대 사람들은 신에게 제사를 지낼 때 신을 기쁘게 해 주기 위해
식물이나 나무를 태워 그 향을 몸에 배게 했어요.
이러한 연기가 오늘날 현대인들이 외출하기 직전
치장을 완성하는 데 쓰는 향수의 시초가 되었지요.

모든 인간은 자신을 아름답게 보이려 애씁니다. 머리끝에서 발끝까지 온갖 치장을 하지요. 머리카락에 파마를 하고 눈썹을 그리고 입술에 립스틱을 칠합니다. 목에는 목걸이를 하고 손목에는 팔찌를 끼고 손톱과 발톱엔 매니큐어를 칠하고, 심한 경우에는 배꼽에 피어싱도 합니다. 외출하기 직전에 몸에 뿌리는 향수로 치장을 완성하지요.

향수는 영어로 퍼퓸perfume이에요. 앞에서도 말했듯이 퍼-per-는 '멀리'라는 의미의 접두사이고, 퓸fume은 '연기를 피우다.'라는 의미의 동사이지요. 그러니까 퍼퓸은 '연기를 멀리 피우다.'라는 뜻이에요.

인간이 향수를 사용한 것은 언제부터일까요? 전문가들에 따르면 향수의 역사는 적어도 5000년이라고 해요. 최초의 향수는 신을 기쁘게 하려는 것이었답니다. 고대 사람들은 신을 모시는 데 지극정성이었어요. 신에게 제사를 지낼 사람은 몸을 청결히 하고, 식물이나 나무를 태워 그 향이 몸에 배게 한 다음 제사를 올렸지요. 향 때문에 기분이 좋아진 신이 사람들의 소원을 잘 들어줄 것이라고 생각했대요.

짐승의 고기를 구울 때 나는 냄새도 신을 즐겁게 할 수 있다고 여겼어요. 성경의 《창세기》에 노아는 방주 덕분에 대홍수에서 살아남아 하느님께 감사를 드리기 위해 짐승을 잡아 구워 바쳤는데, "주님은 달콤한 냄새를 맡고" 다시는 그토록 엄한 체벌을 내리지 않겠다고 약속하는 구절이 나옵니다. 이외에도 향에 대한 이야기는 무궁무진합니다. 어떤 사람은 향이 나쁜 질병을 일으키는 악령들을 물리치는 데에도 효과가 있다고 주장했지요.

근대 향수는 유럽에서 시작되었어요. 최초의 알코올 향수는 1370년 무렵에 나온 '헝가리 워터'지요. 헝가리의 한 수도사가 로즈메리 오일을 에틸알코올에 녹여 만든 것인데, 당시 신경통으로 고생하던 도나 이사벨라 왕비는 이 향수로 건강을 되찾고 아름다움도 유지할 수 있었다고 합니다.

향수 이야기에서 빼놓을 수 없는 곳은 이탈리아예요. 향수는 1508년 이탈리아 피렌체의 한 수도사가 유리병 향수를 제조하면서 전성기를 맞았어요. 두 나라의 이야기를 보면 중세의 수도사들은 향수에도 일가견이 있었던 모양입니다. 이러한 사실은 향이 신과 관련해 출현했다는 사실에 더욱더 힘을 실어 주는 것 같아요.

앞에서 이야기했던 카트린 드 메디시스와 앙리 2세가 결혼할 때, 그녀의 조향사 L. 비앙코도 프랑스로 건너와 파리에서 향수 가게를 열었답니다. 이것이 최초의 향수 전문점이에요.

이때부터 향수가 하나의 산업으로 발전하기 시작합니다. 17세기 프랑스의 루이 14세 시대에는 가죽 제품이 많이 쓰였는데, 향수는 가죽에서 나는 특유의 악취를 없애는 데 탁월한 효과가 있었지요. 오늘날 향수로 유명한 프랑스 남부 그라스 지방이 가죽 제품의 생산지로도 유명했다는 사실은 이 둘의 관계를 잘 설명해 주지요.

프랑스가 '향수의 나라'가 된 것은 독일 덕분이다?

향수업계에서는 '오드콜로뉴eau de cologne' '오드트왈렛eau de toilette' '오드퍼퓸eau de perfume'이라는 말을 많이 써요. 퍼퓸은 한 가지 이상의 원액을 25% 이상 에틸알코올과 섞은 것을 가리키고, 오드트왈렛은 약 5%, 오드콜로뉴는 3% 정도 섞은 것을 말하죠.

이 중 오드콜로뉴는 프랑스어로 '쾰른의 물'이라는 뜻이에요. 프랑스어로 오eau는 '물'이라는 뜻이고, 드de-는 영어의 of에 해당하는 전치사이고, 콜로뉴cologne는 독일의 도시 쾰른을 가리키는 프랑스어예요. '오데코롱'이라는 말도 있는데 이는 오드콜로뉴의 잘못된 발음 표기랍니다.

쾰른은 오래전부터 도심에 있는 대성당으로 이름을 알렸지만 이 도시의 물로 만든 향수로도 유명했지요. 이 도시 물로 향수를 개발한 사람은 이탈리아인이었어요. 1709년 G.M. 파리나는 향수로 성공하겠다는 꿈을 품고 이 도시로 옮겨 왔지요. 그는 알코올에 레몬유, 오렌지유 등을 섞어 독창적인 향수를 만들었는데, 이것이 세계최초의 오드콜로뉴가 되었죠.

이 향수는 특히 7년 전쟁 때 쾰른에 주재했던 프랑스 병사들에게 큰 인기가 있었다고 해요. 이를 본 파리나 가문 중 몇 명이 파리로 나가 향수 사업을 시작하면서 '프랑스' 하면 향수의 나라로 떠올리게 된 것이죠.

이탤릭체는 어느 시인의 손글씨에서 시작되었다?

---

italics

이탤릭체

15세기 이탈리아의 직업 인쇄인 테오발도 마누치는
딱딱한 로마체가 우아한 그리스 · 로마 고전 작품에
어울리지 않는다는 걸 깨달았어요.
그는 우연히 페트라르카라는 시인의 글씨를 보게 되었고,
그를 본떠 아름다운 이탤릭체를 만들어 냈답니다.

여러분과 여러분의 부모님 중 누가 더 영어 철자를 멋있게 쓸까요? 선생님은 부모님 손을 들어 드리겠어요. 왜냐고요? 다음 두 가지 사실 때문이지요. 첫째로 부모님 세대는 영어 철자를 대문자, 소문자, 고딕체, 이탤릭체italics로 구분해 세세하게 배웠어요. 학기가 시작하는 첫 주의 영어 시간에는 어김없이 철자를 배웠지요. 그때에는 고딕체와 이탤릭체를 익히는 데 꽤 많은 시간을 들였답니다. 다른 하나로 부모님 세대는 컴퓨터 없이 공부해서 여러분보다 손으로 쓴 적이 많아 보기 좋은 글씨체를 자연스레 구사하죠.

이러한 현상은 서양에서도 마찬가지예요. 선생님은 프랑스 유학 시절 오래된 엽서를 수집한 적이 있는데, 그중에는 100년이 넘는 것도 있었어요. 이 엽서들의 사연은 제각각이지만 한 가지 공통점이 있답니다. 엽서의 글씨체가 하나같이 예쁘다는 거예요. 모두 만년필로 쓴 이탤릭체였는데, 글씨가 예술이라 해도 과언이 아니에요. 요즈음 프랑스 학생들은 그런 글씨체를 흉내 내기 어려울 거예요. 이렇게 보면 글씨체는 단지 개인적인 문제만이 아니라 세대 간의 문제임을 알 수 있어요.

이탤릭체는 언제부터 사용된 것일까요? 이 글씨체는 라틴어 이름 알두스 마누티우스로 더 잘 알려진 테오발도 마누치가 발견했어요. 직업 인쇄인이었던 마누치는 고전 문학과 심미학에도 조예가 깊은 이탈리아 사람이었죠.

그는 1490년 베네치아에 인쇄소를 열고 그리스어, 라틴어로 쓰인 걸작들을 발행했어요. 그러던 와중에 전통적인 수직형 로마체가 너무 딱딱한 느낌이라 아름답고 우아한 고전 작품에는 어울리지 않는다는

고민에 빠졌지요. 로마체를 대신할 서체를 찾던 어느 날 그는 14세기
의 위대한 이탈리아 학자이자 시인이었던 페트라르카의 글씨체를 접
하고는 이를 본떠 그리스, 로마 작품들을 인쇄하기로 결정했어요. 이
렇게 해서 1501년에 기원전 1세기 고대 로마의 시인 푸블리우스 베르
길리우스의 시집을 이탤릭체로 찍어 내요. 인쇄술 역사에 있어 역사
적인 순간이었지요.

　마누치는 새로운 서체로 처음 인쇄한 제1권을 자신이 늘 자랑스럽
게 여기던 모국 이탈리아에 바친다는 의미로, 책 첫 장에 '이탈리아에
게 A Italia(영어로 to Italy)'라고 적었지요. 이 문구 때문에 사람들은 이 글
씨체를 '이탈리쿠스 italicus(영어로 italian)'라고 불렀고 이것이 영어로 들
어가 오늘날 이탤릭스 italics가 되었답니다.

　우리가 필기체라고 부르는 이탤릭체에는 약 500년 전의 한 이탈리
아 인쇄업자의 강한 애국심이 깃들어 있어요. 말하고 보니 그보다 약
50년 전에 만들어진 한글에 대해서 우리는 어느 정도의 애정을 가지

고 있는지 궁금해지네요. 우리는 세계에서 유일하게 글자를 만든 날을 공휴일로 정한 민족입니다. 이렇게 보면 우리는 한글을 매우 사랑하고 자랑스러워하는 것처럼 보이는데 실상은 그렇지 않은 경우가 많아요. 한글보다 영어를 선호하고, 한글을 어법에 맞지 않게 쓰기도 해요. 이제는 한글을 자랑스러워만 하지 말고 진정으로 사랑할 필요가 있어요. 마치 500여 년 전 이탈리아인 마누치가 그랬던 것처럼 말이죠.

파스타의 본고장이 이탈리아가 아니라
중국이라고?

pasta
파스타

13세기, 17년 동안 원나라에서 머물렀던 마르코 폴로가
이탈리아로 전한 중국의 국수 제조법이
오늘날 우리가 알고 있는 파스타의 시작이에요.

파스타pasta의 어원은 그리스어까지 거슬러 올라갑니다. 그리스어로 파스타는 '보리죽'을 의미했어요. 이 단어는 라틴어로 들어가 '밀가루 반죽'이라는 의미로 쓰였고, 똑같은 형태와 의미로 이탈리아어에 유입되었지요.

파스타에는 두 가지 종류가 있는데, 긴 파스타는 스파게티spaghetti이고, 짧은 파스타는 마카로니macaroni랍니다.

여기서 스파게티는 '끈' '실'을 뜻하는 이탈리아어 스파고spago의 작은말 스파게토spaghetto의 복수형이니, 글자 그대로 해석하면 '작은 끈들' 정도가 될 것 같네요. 마카로니는 16세기 말경 이탈리아 남부 지방 방언 마카로니maccaroni에서 나온 말이에요.

이들은 본래 이탈리아 남부 지방 음식이었어요. 주로 경제적 여유가 없는 사람들이 먹었지요. 지금은 많은 이탈리아 사람들이 스파게티나 마카로니를 즐겨 먹어요.

파스타의 본고장은 어디일까요? 얼핏 보면 이탈리아 같지만 사실은 중국이랍니다. 중국인은 오래전부터 국수를 '다이어트' 음식으로 먹어 왔어요. 중국 신장 투루판에 있는 한 무덤에서 만두의 잔여물로 보이는 것이 출토되었죠. 이 잔여물이 800년 무렵의 것으로 추정된다니 정말 놀라운 일이지요?

누가 파스타를 중국에서 이탈리아로 가져온 것일까요? 많은 사람들은 그 주인공을《동방견문록》의 저자로 널리 알려진 이탈리아의 여행가 마르코 폴로로 지목합니다. 마르코 폴로가 17년간 중국에 머무르며 중국 국수를 먹어 보았고, 1295년 베네치아에 돌아간 뒤 그것을 이

◇◇◇
마르코 폴로(오른쪽)가 20년
넘게 중동, 아프리카, 아시아
를 여행하면서 보고 느낀 점
을 서술한 책이 《동방견문
록》(왼쪽)이에요.

탈리아 사람들에게 전해 주었다고 말이지요.

오늘날 학자들 중에는 이러한 설명에 의문을 제기하는 사람이 적지
않아요. 마르코 폴로가 중국에 갔다는 유일한 증인은 그 자신뿐이라
고요.* 그렇게 단언하는 이유는 마르코 폴로가 몽골의 쿠빌라이 칸을
만난 일도 없고, 황제의 칙사로 지낸 일도 없을 뿐만 아니라, 북경은커
녕 그가 직접 가 보았다고 주장하는 다른 도시들도 실제로 가 본 적이
없다는 거예요. 마르코 폴로가《동방견문록》을 다른 책에서 베끼거나
아니면 상상으로 꾸며냈다는 것이지요.

이런 주장을 하는 학자들이 제시하는 근거는 첫째, 10년 이상 중국
을 여행했다면 당연히 보았을 것들, 예를 들어 만리장성과 같은 것들
에 대한 언급이 전혀 없다는 점, 둘째, 중국 문헌에는 마르코 폴로가
전혀 등장하지 않는다는 점, 셋째, 마르코 폴로의 여행 경로를 뒤쫓는

* 발터 크래머, 괴츠 트랭클러 지음, 박영구, 박정미 옮김,《상식의 오류사전 2》, 경당 2001, p. 112

데 상당한 무리가 있다는 점, 넷째, 낯선 도시나 나라의 풍습에 대한 개인적인 감정이 전혀 나타나지 않는다는 점, 다섯째, 여행에서 본 경치와 도시에 대해 객관적으로 서술해 놓은 것과 달리 마르코 폴로 자신에 대해서는 거의 언급하지 않았다는 점 등이랍니다.

여러분은 이 문제에 대해서 어떻게 생각하나요? 이 분야에 조예가 깊은 역사학자가 아닌 이상 뭐라고 말하기가 어렵겠지만 앞에서 언급한 다섯 가지 근거가 모두 사실이라면 마르코 폴로의 설명과 주장은 더 이상 믿기 어려울 것 같아요. 그렇게 되면 그의《동방견문록》은《동방상상록》이 될 것 같네요.

다이어트는 원래 건강한 식단을 의미하는 말?

다이어트diet는 원래 '체중 감소나 건강 증진을 위한 식이 요법'이에요. 그런데 한국에서는 '살 빼는 데 도움이 되는'이라는 의미로 쓰이고 있어요. 이 둘 사이에는 좀 거리가 있지요.

이 단어의 어원은 그리스어 디아이타diaita예요. 당시의 의미는 '의사가 처방한 대로의 생활 방식'이었어요. 지금보다는 더 넓은 의미로 사용한 거죠. 이 그리스어가 라틴어에서는 디아에타diaeta로, 고대 프랑스어에서는 디에떼diete로, 13세기 영어에서는 지금처럼 다이어트가 된 것이에요. 이때는 '평소에 먹는 음식과 음료'라는 의미였어요. 14세기부터 '제한'이라는 의미가 서서히 더해졌지요. 그래도 과식하지 않는다는 정도의 의미였지, 지금처럼 체중을 줄이기 위해 음식을 먹지 않는다는 의미는 아니었답니다.

한국 사람들은 마른 몸을 선호해 음식을 지나치게 가리는 경향이 있어요. 이것은 다이어트의 본래 의미와 많이 다르다는 사실을 꼭 기억했으면 좋겠어요. 가장 건강한 다이어트는 음식을 '골고루' 먹는 거랍니다.

5.
프랑스 궁정 문화로 엿보는
절대 왕정 시대

넥타이_necktie 크루아상_croissant

살롱_salon 하이힐_high heels

마담_madame 에티켓_etiquette

커피_coffee 화장실_toilet

넥타이는
군복에서 시작되었다?

|

necktie
넥타이

오늘날 신사의 품격을 보여 주는 패션의 완성 넥타이는
로마 병사들의 더위를 식히기 위한 스카프에서 유래되었다고 해요.

프랑스어로 넥타이neck tie를 뜻하는 크라바트cravate는 크로아티아Croatia라는 나라 이름에서 온 말입니다. 넥타이나 크라바뜨의 공통점은 모두 군대와 관련이 있다는 거예요.

넥타이는 1838년에 '목'을 뜻하는 넥neck과 '끈'을 뜻하는 타이tie를 붙여 만든 말이에요. 넥타이의 기원은 기원전 1세기까지 거슬러 올라가요. 한낮의 더위를 식히기 위해 스카프를 물에 적셔 목에 감았던 로마 병사들의 패션에서 시작되었지요.

크라바트라는 말은 17세기 중반에 생겼어요. 30년 전쟁(1618~1648년 신교와 구교 간에 벌어진 최후의 종교 전쟁)이 일어났던 당시 프랑스 육군의 용병으로 활약하던 크로아티아인들이 목도리로 멋을 부렸는데, 이를 본 프랑스 사람들이 그들의 국적을 따서 크라바트라고 부른 거예요. 크로아티아 용병들의 목도리가 기능적인 것이었는지, 아니면 군복을 멋있게 보이려고 한 것인지, 혹은 전쟁에서 무사귀환을 비는 가족, 친구들이 달아 준 부적이었는지 의견이 분분하지만 유행에 민감한 프랑스인들이 이 치장을 무척 마음에 들어 했던 것은 분명해요.

넥타이는 영국으로 전해져, 사치를 일삼던 영국 왕 찰스 2세가 스스로 넥타이 착용 시범을 보이고 귀족들에게 강제로 넥타이를 매게 하면서 크게 유행했다고 해요.

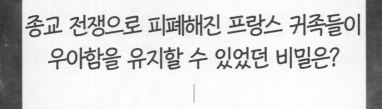

종교 전쟁으로 피폐해진 프랑스 귀족들이
우아함을 유지할 수 있었던 비밀은?

salon
살롱

17세기 초 앙리 4세는 기나긴 종교 전쟁으로
성격이 거칠어진 귀족들에게 우아한 언행을 가르치기 위해
궁정 안에 살롱을 열었어요. 이것이 근대 살롱 문화의 시초이지요.
이 살롱은 프랑스의 철학 및 문학 등
문화 전반에 많은 기여를 했어요.

한국에 들어와 의미가 달라진 외국어가 적지 않습니다. 그 중 하나가 살롱salon입니다. 한국에서 '살롱' 하면 대부분 '룸살롱'을 생각하지요. 쉽게 짐작하겠지만 '룸살롱'은 영어 룸room과 프랑스어 살롱salon을 붙인 말이죠. 살롱은 본래 거실처럼 넓은 공간을 말하는데, 거기에 칸막이를 쳐서 작게 만든 공간이니 '룸'이라는 것이지요. 참으로 영어와 프랑스어의 묘한 만남입니다.

프랑스의 살롱은 한국에서와 같은 저속한 의미를 가지고 있지 않아요. 오히려 고급스러운 분위기를 연상시키는 단어지요. 이 단어는 1650년에 '넓은 홀'을 의미하는 이탈리아어 살로네salone에서 유래했어요. 당시 궁정 안에 있었던 방문객을 맞이하는 넓은 공간을 가리키는 말이었지요.

역사적으로 대표적인 살롱은 루브르 궁전의 살롱 카레Salon Carré예요. 카레carré가 '네모난'이라는 형용사이니, 살롱 카레는 '네모난 접견실' 정도로 이해하면 되겠네요. 이 단어가 17세기 말 영어로 들어갈 때도 같은 의미였어요. 19세기 초부터는 '파리 부인의 접견실'이라는 의미로 쓰이기 시작하다가 19세기 말부터는 '상류 계층의 모임'이라는 의미가 되었지요.

루브르 궁전에서 열린 정기 예술 전시회도 살롱이라고 불렀어요. 1913년부터는 고급 미용실도요. 오늘날 한국에서 미용실을 '헤어 살롱hair salon' '뷰티 살롱beauty salon'이라고 하는 경우가 많은데, 바로 파리의 고급 미용실이라는 의미를 가져온 것이라고 보면 돼요.

살롱은 프랑스 역사에서 문화 및 문학적으로 매우 중요한 역할을

한 곳입니다. 처음에는 왕의 궁정에서 살롱 문화가 시작되었어요. 16
세기 중엽 샤를 9세는 학술원으로 문학과 예술을 부흥시켰고, 앙리 3
세는 신하들을 대동하고 직접 참석하는 등 언어와 학술 문제를 다루
는 학회를 발전시켰지요. 이 자리에는 부르주아 계급의 지식인뿐만
아니라 여성까지도 참여했어요. 17세기 초 앙리 4세는 기나긴 종교 전
쟁으로 거칠어진 귀족들에게 우아한 언행을 가르치기 위해 궁정 안에
살롱을 열었는데, 이것이 근대 살롱 문화의 시초라고 할 수 있어요.

이후 살롱의 전통은 귀족들의 저택으로 옮겨 갔지요. 이탈리아 출신
인 랑부예 후작 부인(마르키스 드 랑부예)이 1608년에 귀족들 중 처음으
로 살롱을 열었답니다. 그녀는 로마 주재 프랑스 대사였던 아버지와
이탈리아 귀족 출신의 어머니 사이에 태어나 이탈리아 문화와 프랑스
문화를 자연스럽게 연결하는 데 기여하였지요. 이 부인의 살롱에는
18개의 의자와 큰 병풍이 비치되어 있었고 10명에서 20명 정도가 모
였다고 해요. 여기에는 A.히슐리외와 같은 정치가들, F. 드 말레르브나

♦♦♦
종교 전쟁은 16세기 후반부터 약 1세기
에 걸쳐 전 유럽에서 일어난 종교적·정
치적 무력 투쟁입니다.

P. 꼬르네이와 같은 문인들도 포함되지요.

이 밖에 사블레 후작 부인, 맹트농 후작 부인, 스퀴데리 양의 살롱이
일종의 '여성 왕국'으로 불릴 정도로 유명세를 펼쳤답니다. 살롱에 모
인 지식인들은 인간 본성에 관한 문제들을 심도 있게 논하면서 사고
와 언어를 세련되게 했고, 잠언, 인물 묘사 같은 독특한 문학 장르를
탄생시켰으며, 고전주의 문학을 형성하는 데에도 크게 기여했어요.

유감스럽게도 한국에서는 살롱이 이러한 문화적·문학적 의미는 쏙
빠진 채, 남녀가 은밀히 만나 술 마시고 춤추는 퇴폐적인 장소로 전락
해 버리고 말았어요. 한국인으로서 우리나라의 문화에 자긍심을 가지
듯이 다른 나라의 문화를 받아들일 때는 거기에 담겨 있는 여러 의미
를 생각해 보아야 해요.

18세기 파리의 카바레는 춤을 즐기는 곳이었다?

한국의 퇴폐적인 '살롱'과 비슷한 의미를 지닌 프랑스어는 카바레cabaret입니다. 프랑스어 식으로 발음하자면 '까바레'라고 해야 하지요. 이 단어를 영어 사전에서 찾아보면 '식당이나 클럽에서 저녁에 공연하는 쇼'라고 나와요.

카바레의 어원은 그리 명확하지 않은데, 라루스 출판사에서 나온 《어원 사전》에 따르면 이 단어는 프랑스 북부의 한 지방인 삐까르디에서 사용하던 언어 중 '작은 방'을 지칭하는 캄브레트cambrette에서 유래했다고 해요. 이 말은 늘 술과 관련되어 쓰여 왔어요. 13세기 말에는 친구들 사이의 주연酒宴을 지칭하다가, 17세기에는 차나 술을 차려 내놓는 작은 상을 일컫는 말로도 쓰였지요.

카바레가 오늘날과 비슷한 의미로 사용되기 시작한 것은 1880년대 파리에서예요. 처음에는 주로 연극을 공연하는 장소였지만, 서서히 식사와 함께 음악과 춤을 즐기는 곳으로 변해 갔지요. 또한 전위前衛 예술가가 모이기도 했고, 많은 뮤지컬 가수를 탄생시키는 모태 역할도 했어요.

안타까운 것은 이러한 카바레의 기능이 한국에서는 거의 상실되었다는 거예요. 한국인들은 어두침침한 공간, 화려한 조명, 끊임없이 흘러나오는 노래, 술과 안주를 앞에 두고 흥에 겨운 남녀 등을 떠올릴 뿐이지요.

프랑스에서 '마담'은 존경의 의미를 담은 말이다?

---

madame

마담

한국에서 마담은 '술집이나 다방의 여주인'이라는 뜻이에요.
반면 프랑스에서는 12세기부터
여성 왕족과 귀족을 위한 존칭으로 사용되었어요.
오늘날에는 일반 부인을 부르는 말로 쓰이고 있습니다.
상대방에게 존경을 나타내는 표현인 것에는 변함이 없지요.

한국에 들어온 프랑스어 중 의미가 가장 격하된 단어는 마담madame일 거예요. 사전에서 '마담'을 찾아보면 '술집이나 다방, 보석 가게 따위의 여주인'이라고 나와요. 한국에서 '마담'이라고 부르면 좋아할 여성은 아무도 없지요. 자신을 술집이나 다방의 여주인으로 부르는데 어느 누가 좋아하겠어요? 그 말을 들은 여성은 매우 불쾌할 것이고 심하면 성희롱으로 고소하려 할지도 모릅니다.

이 단어의 본고장인 프랑스에서 이러한 일은 상상조차 할 수도 없지요. 프랑스에서는 여성에게 격식을 갖추기 위해 반드시 '마담'이라고 부르니까요. 한국어에서 대응어를 찾자면 '여사님' '사모님' '부인' 정도가 될 것 같네요.

이 단어가 얼마나 존칭이었는지는 어원만 봐도 알 수 있어요. 어원은 라틴어 메아 도미나mea domina인데, 여기서 메아는 '나의'라는 뜻이고 도미나는 '여신' '황후' '지배하는 여자' '안주인' '여주인' 등을 의미하지요. 영어로 하면 마이 레이디my lady, 이탈리아어로 하면 마돈나madonna가 됩니다. 메아 도미나가 12세기 고대 프랑스어로 들어가 마담이 되었고 14세기경에 그대로 영어로 유입됩니다.

오페라에서 여자 주인공을 프리마 돈나prima donna라고 하는데, 프리마prima는 '첫 번째의'라는 뜻이고, 돈나donna는 바로 위에서 살펴본 도미나domina에서 파생한 이탈리아어로 '지배하는 여자'라는 뜻이지요. 따라서 프리마 돈나는 한 오페라를 '지배'하는 여성, 즉 여자 주인공이 되는 거죠.

12세기부터 17세기까지는 마담이 여성 왕족과 귀족을 지칭하는 존

칭이었어요. 14세기에는 소도시 관리의 부인들에게 붙이는 명예로운 호칭이었고요. 15세기에는 사랑하는 연인도 그렇게 불렀지요. 종교 개혁 때까지는 수녀들도 그렇게 불렀고요. 17세기부터는 일반 부인에게도 붙이는 존칭이었고 이러한 관행은 지금도 마찬가지예요.

하지만 이 단어의 의미가 영어에서는 달랐어요. 1660년 잉글랜드에서 왕정복고(네덜란드에 망명 중이던 찰스 2세가 복위하면서 영국 왕조가 다시 부활한 사건)가 일어난 이후 마담은 첩이나 매춘부를 지칭하는 말이기도 했어요. 마담이라는 단어를 격하시켜 사용한 것은 우리나라만이 아님을 알 수 있어요.

앞서 말했듯이 한국에서 마담이라는 단어는 상당히 부정적인 의미예요. '가오마담'이나 '유한마담'이라는 합성어만 보아도 그렇습니다. '가오'란 일본어로 '얼굴'이라는 뜻으로, '가오마담'은 글자 그대로 '얼굴마담'이 되는데, 이 말은 대개 '별로 배우지 못한 천박한 여자가 얼굴 하나로 남자를 유혹하는 여자'를 의미하지요. '유한有閑'도 '재물이

넉넉하여 일하지 않아도 생활이 한가롭다.'라는 의미로, '유한마담' 역시 은연중에 시기, 질투, 경멸의 대상이 되는 게 보통입니다. 성격은 좀 다르지만 '마담뚜'도 비슷한 경우입니다. '뚜'는 '뚜쟁이'의 줄임말로 매음을 주선하는 사람을 지칭하는 말이니 '마담뚜'는 '포주'나 다름이 없지요. 이렇게 마담이라는 존칭이 한국에 와서 고생(?)하는 것을 보면 '집 떠나면 고생'이라는 말이 사람뿐만 아니라 단어에도 적용되는 것 같네요.

레이디와 로드는 빵을 만드는 사람?

마담에 해당하는 영어는 레이디lady예요. '신사 숙녀 여러분'은 프랑스어로 메담 제 메시으Mesdames et Messieurs이고, 영어로 레이디스 앤 젠틀맨Ladies and Gentlemen인데, 이 두 표현을 비교하면 프랑스어의 마담이 영어의 레이디로 번역되는 걸 알 수 있지요.

레이디는 고대 영어 래프디주hlæfdige에서 파생한 말이에요.* 9세기에 이 단어는 '가족 내의 여자 수장'이나 '하인들의 여주인'을 가리켰어요. 이런 의미는 래프디주라는 단어 속에서도 찾아볼 수 있어요. 이 단어는 '빵'이라는 의미의 라프hlaf와 '반죽자'라는 의미의 디

---

* Merriam-Webster, 《Webster's word histories》, Merriam Webster,U.S., 1990, p. 227

주-dige를 합성해 만든 것으로, 이 둘을 합하면 '빵을 만드는 사람' 정도로 해석할 수 있지요. 11세기경에 이 단어는 여왕을 뜻하다가 이후 점차 상류층 여성을 가리켰어요.

로드lord라는 단어의 어원도 레이디와 비슷해요. 고대 영어 형태는 라포드hlaford였는데, 라프와 '지키는 사람'이라는 뜻의 포드ford를 합성해 만든 것이죠. 레이디는 빵을 만들고, 로드는 빵을 지키고, 그리고 두 사람이 같이 하인들에게 빵을 나누어 준 것이죠. 빵을 만들고 나누어 준다는 것은 당시에 '먹여 살린다.'라는 의미였으니 그렇게 하는 사람은 당연히 집단의 우두머리였을 겁니다.

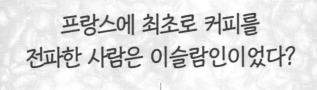

프랑스에 최초로 커피를
전파한 사람은 이슬람인이었다?

---

coffee
커피

17세기 한 오스만 제국 대사는 자신의 집을 오스만식으로
화려하게 장식하고 찾아오는 손님마다 커피로 환대해
파리 귀족들의 마음을 사로잡았지요.

커피coffee는 어디에서 유래한 단어일까요? 여러 가지 학설이 있지만, 커피의 본고장 에티오피아의 지명 카파Kaffa에서 유래했다는 것이 가장 유력합니다. 카파가 아랍어로 들어가 변화한 카흐와qahwah는 터키어로 들어가 카흐베kahveh가 되었어요. 이 터키어가 이탈리아어에서는 카페caffe로 쓰였다가 16세기 말 영어에서 오늘날의 커피가 되었답니다. 이렇게 보면 커피처럼 많은 여행을 한 단어도 드물 것 같아요.

인간이 커피의 효능을 발견한 과정은 우연이었답니다. 6~7세기경 칼디라는 에티오피아 목동은 자기가 돌보던 염소들이 어떤 열매를 씹고 나서 이상한 흥분 증세를 보이는 것을 목격합니다. 호기심이 생긴 이 목동 역시 따라 한 뒤에 비슷한 증상을 겪었지요. 그는 곧바로 사람들에게 이 사실을 알렸고 이로써 커피의 효능이 세상에 알려졌다고 합니다.[*]

커피의 존재와 효능은 15세기경 에티오피아와 인접한 예멘에도 알려집니다. 예멘은 커피를 대량으로 수출한 최초의 국가예요. 자신들의 주요 수출 품목을 생산하는 커피나무를 반출할 수 없도록 엄격한 법령까지 만들기도 했지요. 그러나 커피의 유출을 완전히 막을 수는 없었어요. 16세기 이슬람 순례자들이 커피 열매를 인도 등 여기저기에 보급하기 시작했으니까요.

커피가 특히 이슬람 문화권에 널리 유행한 이유는 크게 두 가지예

---

[*] 윌프레드 펑크 지음, 양동현 옮김,《영어단어의 로맨스》, 천지서관1994, p.169

요. 하나는 이슬람의 교리에 따라 술을 마실 수 없었던 신도들이 술 대신 마실 수 있는 음료로 커피를 찾았기 때문이죠. 두 번째는 날마다 다섯 차례씩 예배를 드려야 했던 이슬람교도들에게 커피가 졸음을 쫓아 주는 아주 좋은 각성제였기 때문이에요.

17세기 중엽에 커피는 유럽으로 유입되었어요. 프랑스에 커피를 전래한 사람은 오스만 제국 대사 무타페라카 솔리만(프랑스어로는 술레이만 아가로 알려져 있다.)이었다고 합니다. 그의 이야기를 해 보자면, 1669년 7월 대사가 파리에 도착했을 때 루이 14세는 오스만 제국을 못마땅하게 여겨 그를 만나 주지 않았어요. 이에 무타페라카가 한 가지 기지를 발휘했어요. 자신의 거처를 오스만식으로 아주 화려하게 장식하고 이국적인 물건으로 파리 귀족들의 호기심을 자극했지요. 그의 예상대로 파리 귀족들은 궁금증을 이기지 못하고 날마다 그의 집을 찾아왔어요. 대사는 당시 프랑스에 알려지지 않았던 커피로 그들을 환대했지요. 그냥 대접한 것이 아니라 오스만의 터번과 의상을 차려입은 시종들로 하여금 중국산 고급 사기 잔에 커피를 담아 당시로서는 귀한 설탕과 함께 내도록 했지요. 이러한 환대는 파리 귀족들의 마음을 사로잡기에 충분했고, 이 이야기는 베르사유에 있던 루이 14세의 귀에까지 들어갔답니다. 결국 루이 14세는 그해 11월 무타페라카 대사를 궁으로 불러들였지요. 향긋한 커피 향을 이용한 대사의 기지가 완전히 성공하는 순간이었어요.

이후 커피는 파리 전역에서 유행하기 시작했습니다. 1686년에 르 프로코프가 문을 열면서 커피 전문점들이 많이 생겼어요. 이들은 당

❖❖❖
1686년에 문을 연 커피 전문점
르 프로코프는 아직까지도 그
자리를 지키고 있답니다.

대 지식인들이 모이는 비밀 장소였고, 거기서 벌인 열띤 토론은 프랑
스 혁명의 밑거름이 되었다고 합니다. 이처럼 프랑스 커피 전문점은
깊은 역사를 자랑하며, 사상·문학·예술의 산실로서 매우 중요한 역할
을 해 왔어요. 지금 우리 주변에 우후죽순처럼 생겨나는 커피 전문점
에서 여러분은 주로 어떤 이야기를 나누나요?

min +1분 세계사

아이리시 커피에 술이 들어가는 이유는?

커피의 종류 중에는 '비엔나 커피' '아이리시 커피Irish coffee'와 같
이 특정 국가나 도시와 관련된 것이 있어요. 아이리시 커피는 1950

년대 아일랜드 서해안에 있는 섀넌 공항에서 만들어진 음료예요.

1950년대만 해도 비행기에 채울 수 있는 연료의 양은 한정되어 있었어요. 오늘날과 달리 미국을 떠나 대서양을 건너 유럽으로 가는 데에도 어려움을 겪었지요. 그럴 때마다 대서양에서 가장 가까운 곳 중 하나인 아일랜드에 착륙한 후, 연료를 충전해 런던, 파리, 베를린 등으로 다시 향해야 했어요. 당시 태평양을 건너는 일은 길고 긴장되는 비행이었지요.

그러다 보니 섀넌 공항에 잠시 내린 승무원과 승객들은 모두 피곤에 지쳐 있었어요. 공항 식당에서 일하고 있던 조 쉐리단은 이들의 긴장과 피곤을 풀어 주기 위해 커피를 제공했죠. 위스키 소량을 첨가한 커피로요. 이러한 배경에서 생겨난 게 '아이리시 커피'랍니다.

'비엔나 커피'는 뒤에서 설명할 크루아상처럼 오스만 제국이 오스트리아 수도 빈을 공격한 사건과 관련 있는 커피입니다.

크루아상에는 오스트리아의
슬픈 역사가 담겨 있다?

croissant
크루아상

오스트리아의 한 제빵사는
오스만 제국군의 침략을 잊지 말자는 뜻을 담기 위해
오스만군의 깃발에 있던 초승달 모양을 본따 빵을 만들었어요.

한국인에게 가장 많이 알려진 프랑스 빵은 단연 바게트일 겁니다. 그다음은 아마 크루아상croissant일 거예요. 이 빵들이 한국인들에게 익숙한 이유는 즐겨 먹어서라기보다 거리의 간판 때문이지요.

크루아상이라는 이름은 빵의 형태와 관련이 있어요. 프랑스어 크루아상croissant은 형용사로 '점점 커지는'이라는 뜻이고, 명사로는 '초승달' '초승달 모양' '이슬람교의 깃발' '터키(오스만) 제국'을 의미합니다. 누구나 알다시피 초승달은 점점 커져서 반달이 되고 반달은 점점 커져서 보름달이 되지요. 크루아상이라는 이름은 빵의 모양이 초승달과 비슷해서 붙여진 이름이에요.

이 빵은 터키 제국과 무슨 관계가 있을까요? 이 질문의 답을 알려면 17세기 말 오스트리아 빈에서 벌어진 일을 자세히 알 필요가 있어요.

1683년 7월 중순 오스만 제국(터키 제국의 옛말)의 재상 카라 무스타파는 20만 군대를 이끌고 빈을 포위했죠. 오스만 제국은 15세기에 동로마 제국을 정복하고 유럽에 여러 차례 위협을 가하고 있었습니다. 당시 강대국이라 할 수 있었던 오스트리아가 목표인 건 당연한 일이었죠. 오스트리아 황제 레오폴트 1세는 1만 2000여 명의 수비군으로 근근이 버티고 있었지요. 레오폴트 황제는 프랑스 루이 14세에게 도움을 청했지만 루이 14세는 차갑게 외면했어요.

레오폴트 황제는 샤를 드 로렌을 비롯한 제후들에게 도움을 청하기로 했는데, 문제는 오스만 제국의 삼엄한 포위망을 뚫고자 나서는 사람이 없었어요. 이때 폴란드인 쿨크지스키가 그 임무를 자청하고 나섰어요. 그는 폴란드어, 터키어, 독일어, 우크라이나어 등 여러 언어에

쿨크지스키 덕분에 폴란드, 프랑스 등의 제후들이 속한 유럽 연합군이 결성되어
오스트리아는 오스만 제국을 물리칠 수 있었어요.
이에 쿨크지스키는 부상으로 오스만군이 버리고 간
커피 더미를 얻어 커피 전문점을 열었어요.
그러고는 제빵사에게 커피와 어울릴 만한 빵을 주문했지요.
그래서 탄생한 빵이 바로 크루아상이랍니다.

능통해서 이 임무를 누구보다도 잘 수행할 수 있었지요.

같은 해 9월 그의 도움으로 결성된 연합군은 카라 무스타파가 이끌던 오스만 제국군을 급습했습니다. 이에 놀란 오스만 제국군은 탄약과 군량을 버리고 도망쳤지요. 그들이 버리고 간 물건 중에는 어마어마한 양의 커피가 있었는데 당시 빈 사람들은 커피가 무엇인지 몰랐기에 폐기하려고 했어요. 이때 이미 커피의 진가를 알고 있었던 쿨크지스키는 그것을 자기에게 달라고 했지요. 오스트리아는 그의 도움으로 전쟁을 이길 수 있었기 때문에 당연히 그의 청을 받아들였고 시내에 커피 전문점까지 열게 해 주었어요. 쿨크지스키는 제빵사에게 커피와 어울릴 만한 빵을 만들어 달라고 부탁했는데, 제빵사는 오스만군의 깃발에 그려져 있던 초승달 모양에 착안해 뿔 모양의 빵을 만들었어요. 오스만군의 침략을 절대 잊지 말자는 뜻을 담은 것이었지요. 오스트리아 사람들은 이 빵이 뿔 모양과 비슷하다는 뜻으로 킵펠Kipfel이라고 불렀어요.

이 킵펠을 프랑스에 유행시킨 사람은 바로 오스트리아의 공주 마리 앙투아네트였어요. 널리 알려진 대로 마리 앙투아네트는 프랑스에서 불행한 나날을 보냈고 프랑스 혁명 당시 체포되어 38세 생일을 2주 앞두고 단두대에서 처형된 비운의 주인공이에요. 그녀는 1770년 14세의 어린 나이에 루이 16세와 결혼하기 위해 파리로 오면서 자기가 즐겨 먹던 킵펠도 가지고 들어와요. 킵펠은 프랑스에 들어와 50여 가지의 다양한 모양으로 개발되어 오늘날 많은 사람들이 일상적으로 먹는 빵이 되었지요. 본래는 오스트리아 빵인데 프랑스에 들어와 크루아상이라고 불리면서 사람들이 프랑스를 크루아상의 본고장으로 생각하게 되었습니다.

원래 하이힐은 여성이 아니라
남성의 전유물이었다?

high heels
하이힐

역사상 하이힐을 가장 사랑했던 왕은 루이 14세예요.
키가 작은 그의 고민을 해결해 주었거든요.
그의 사랑이 대단해 사람들은 루이 힐스라 부르기도 했지요.

요즈음은 하이힐high heels을 여성의 전유물처럼 생각하지만 과거에는 그렇지 않았어요. 오히려 남성이 주로 신는 신발이었지요.

하이힐의 역사를 살펴보기 전에 우선 단어의 어원부터 생각해 보기로 하지요. 누구나 쉽게 짐작할 수 있듯이, 하이힐은 하이high와 힐heel의 합성어입니다. 힐은 고대 영어 헬라hela에서 유래한 말로 '발의 뒤꿈치'를 가리키지요. 15세기부터는 '신발이나 부츠의 뒷부분'까지 그렇게 부르기 시작했다고 해요.

하이힐의 역사는 고대 이집트까지 거슬러 올라갑니다. 출토되는 무덤이나 신전의 벽화에 하이힐이 자주 그려져 있지요. 본격적으로 하이힐을 신은 사람들은 고대 페르시아의 기병으로 알려져 있어요. 말을 타는 기병은 뒤축이 높은 신발을 신어야 했거든요. 그렇지 않으면 말을 타고 내리거나 달릴 때 발이 미끄러질 수 있기 때문이지요. 이처럼 하이힐은 본래 남자, 그것도 말을 타는 건장한 남자들이 신는 신이었어요.

하이힐과 관련해 가장 먼저 거론되는 여성 중 한 명은 앞에서도 이야기했던 16세기 카트린 드 메디시스입니다. 그녀는 결혼식에 신을 하이힐을 피렌체에서 만들어 왔어요. 프랑스 귀부인들은 결혼식에서 그녀의 모습을 본 후 앞다투어 이탈리아식 하이힐을 신기 시작했다고 해요.

하이힐을 유행시킨 대표 남자는 프랑스의 루이 14세입니다. 태양왕이라고 불릴 정도로 권력이 막강했던 그는 키가 작아 늘 고민이었어요. 특히 대신들이나 귀족들과 함께 걸어갈 때 이러한 고민은 더욱 커졌지요. 키가 큰 신하가 자신을 내려다 볼 때면 루이 14세는 거북함을 넘어서 수치감마저 느꼈을 테니까요.

그래서 그는 한 제화공에게 자신만을 위한 높은 구두를 주문했어요. 이 제화공은 뒤축을 보통보다 훨씬 높이고 그 주위를 다양한 전투 장면으로 화려하게 꾸몄지요. 이때 만든 구두 중에는 굽이 10cm가 넘는 것도 있었다고 하니 정말 대단하지요. 이아생트 리고가 그린 〈왕실 복을 입고 있는 프랑스의 왕, 루이 14세〉라는 그림을 보면 루이 14세가 얼마나 높은 하이힐을 신었는지를 확인할 수 있어요.

'루이 힐스'는 곧 유행을 타, 프랑스의 귀족들은 남녀 구분할 것 없이 하이힐을 신기 시작했어요. 하지만 발이 크고 넓적한 남자 귀족들 중에는 불편해서 얼마 지나지 않아 포기하는 사람들이 많았답니다. 반면 여자 귀족들이 그 유행을 계속 이어 주어 오늘날 하이힐이 여성들만의 신으로 남게 되었지요.

하이힐과 관련된 또 하나의 사건은 나중에 이야기할 프랑스 혁명입니다. 당시 사람들은 하이힐을 부富의 상징으로 여겼지요. 귀족들이나 부자들은 하이힐을 신고 다니다가 평민들에게 괜한 봉변을 당할 것을 두려워한 나머지 뒤축을 많이 낮추었다고 하네요. 공포스런 분위기가 사라지면서 그 뒤축은 다시 높아졌지만 말입니다.

"짐은 이제 죽는다.
그러나 국가는 영원하리라."
(루이 14세)

태양왕으로도 불린 루이 14세는
왕권신수설을 내세우며 절대 왕정을 유지했어요.
베르사유 궁전을 짓기 시작한 인물로도 유명하지요.
프랑스의 가장 빛났던 시기를 호령한 그에게도 고민이 있었어요.
키가 작다는 것이었지요. 하이힐은 그런 그의 고민을 해결해 주었답니다.

나일론이 실크보다 비쌌던 적이 있었다?

하이힐을 신을 때는 나일론nylon 스타킹을 신는 경우가 많지요. 나일론은 비닐vinyl에서 뗀 닐nyl과 코튼cotton에서 뗀 온on을 붙여 만든 말이에요. 나일론은 1935년 미국의 종합 화학 회사 듀폰에서 일하던 월리스 캐러더스가 개발해 "비단과 같이 아름답고 철보다 강하며 물과 공기와 석탄으로 만든다."라고 선전한 합성 섬유지요.

듀폰사는 이 합성 섬유로 1935년 나일론 스타킹을 만들었고 그해 뉴욕 세계 박람회와 샌프란시스코 금문교 박람회에 처음으로 선보였어요.* 엄청난 인기로 이듬해 나일론 스타킹의 가격은 한 켤레에 59센트에 거래되던 실크 제품보다 훨씬 비싼 1달러 25센트였지만 무려 3600만 켤레나 팔렸다고 합니다. 나일론은 1938년 프랑스에 들어와 1945년부터 유행했는데, 이 해는 프랑스 여성들이 나일론 스타킹에 열광하던 때로 기억되고 있어요.

제2차 세계 대전이 끝난 뒤 나일론은 농담거리가 되기도 했어요. 일본의 진주만 공격으로 큰 피해를 입은 미국인들은 복수심에 불타 나일론의 첫 글자를 따 일종의 유희시를 지었어요. 그 시는 바로 〈Now You Lose Old Nippon〉이었지요. 이 말은 본래 일본이 실크 시장을 장악하고 있었는데 '이제 새로 개발된 나일론이 나왔으니 오래된 일본 너는 이제 진 것이다.'라는 의미였다고 해요.

* 찰스 패너티 지음, 이용웅 옮김, 《문화와 유행상품의 역사 2》 자작나무 1997, p. 140

궁전에 사는 귀족들에게
'커닝 페이퍼'가 필요했던 이유는?

etiquette
에티켓

근대 궁정 생활에서는 지켜야 할 것들이 너무 많아
귀족들은 예의범절을 적은 종이를 보면서 행동했다고 합니다.
실제로 예절을 뜻하는 에티켓의 어원인 에스티켓estiquette은
라벨이나 카드 크기의 작은 종잇조각을 말해요.

사람들에게 에티켓etiquette은 티켓ticket과 어원이 같다고 말하면 믿을까요? 아마 그렇지 않을 거예요. 사람들 머릿속에 에티켓은 '예절'이고 티켓은 '입장권'이나 '승차권'일 테니까요. 그런데 이 두 단어는 어원이 같아요. 에티켓의 어원은 고대 프랑스어 에스티켓estiquette까지 거슬러 올라가요. 당시 에스티켓은 천이나 종이 같은 라벨이나 티켓을 의미했죠. 여기서 말하는 티켓은 카드 크기의 작은 종잇조각을 말했던 것 같아요. 이 작은 종이가 '예절'을 뜻하는 에티켓이 된 것은 궁정 및 군인 생활과 관련이 있지요. 간단히 말하자면, 너무 복잡하고 어려운 '에티켓'을 잘 지키기 위해 '티켓'과 같은 작은 종이에 이를 적어 놓았다고 생각하면 돼요. 비유적으로 말하자면, 외우기 힘든 것을 적어 둔 일종의 '커닝 페이퍼'였던 셈이지요.

중세가 끝날 무렵 시작된 궁정 생활에서는 지켜야 할 것들이 너무 많아서 보통 사람들은 힘들어했어요. 지켜야 하는 예의범절을 작은 종이에 적어 두고 그것을 보면서 행동을 하는 사람들도 있었지요. 작은 종이가 예절 지침서 역할을 한 것이에요. 군인 생활과 관련해서는 프랑스 장교들이 작은 종이에 그날 일과를 적어 부대 주위에 붙인 다음 그것을 계획대로 실행하도록 했다는군요.

이것 말고도 에티켓의 기원에 관한 이야기는 참 많아요. 가장 흥미로운 이야기가 일어난 장소는 프랑스 베르사유 궁전입니다. 17세기부터 왕궁으로 사용된 이곳은 더없이 화려했지만 화장실을 갖추고 있지 않았어요. 일설에 의하면, 화려한 궁전과 지저분한 화장실은 어울리지 않아서 일부러 그렇게 설계했다는군요.

◆◆◆
아침 식사 방식이 적힌 종이예요. 이처럼 에티켓은 '복잡하고 어려운 예절을 습득하기 위한 종이'를 가리키는 말이었어요.

대소변 문제는 늘 골칫거리였어요. 왕궁에 거주하는 사람들은 약 5000명, 하루에 방문하는 사람도 약 5000명으로, 모두 1만 명이 북적거리며 지냈는데 변변한 화장실이 없었으니까요. 상주하는 사람들이야 요강을 사용하면 되었지만, 궁을 방문한 사람들은 요강을 가지고 다닐 수 없었지요. 이들은 궁 안에서 생리 신호가 오면 그야말로 속수무책이었어요. 일단 그것을 처리할 곳을 찾아 밖으로 나가 때와 장소를 가리지 않고 실례를 했지요.

이 문제로 가장 고통받는 사람은 베르사유 궁전의 정원사였어요. 정원을 아무리 아름답게 가꾸어 놓아도 방문객들이 밟고 지나가기 일쑤였지요. 다들 적어도 한두 번 경험해서 잘 알겠지만, 배에 신호가 오면 사람이고 장소고 아무것도 보이는 것이 없지요? 그러니 정원사의 모든 노력이 하루아침에 수포로 돌아갈 수밖에요.

그러던 어느 날, 프랑스 군대에서 복무한 적이 있는 한 정원사가 좋은 생각을 해냈어요. 정원 곳곳에, 어디로 가야 대소변을 볼 수 있는지를 표시해 두는 것이었지요. 그것은 군 복무 시절에 경험한 에티켓이었어요. 이 안내문은 성공적이었고, 서서히 궁정 생활 전반에 걸쳐 이용될 만큼 발전했답니다.

궁정 에티켓은 루이 14세 초기에 섭정을 맡았던 안 도트리슈가 17세기에 완성했어요. 루이 16세 때는 좀 느슨해지고 프랑스 혁명 때는 유명무실해지기도 했지만, 나폴레옹이 부활시켰답니다. 1830년에는 법령으로 지금의 국내 공식 의전 형식을 확정했고요. 19세기 말에 프랑스 사교계의 '관례' 및 '예의범절'은 전 세계로 확산되었고, 오늘날 우리도 '에티켓'이라고 부르게 된 거죠.

아름답기로 유명한 베르사유 궁전에는
화장실이 없다?

toilet
화장실

베르사유 궁전을 비롯한 많은 유럽 궁전에는 화장실이 없었어요.
중세부터 위생 문제를 중요하게 여기지 않았고,
화려한 궁과 화장실은 어울리지 않는다는 생각 때문이었지요.

인간은 살기 위해서 반드시 두 가지를 해야 합니다. 한 가지는 먹는 일이고 한 가지는 배설하는 일이에요. 이 두 가지는 동전의 양면과 같아서 떼려야 뗄 수가 없지요. 잘 먹지 못하면 잘 배설하지 못하고, 잘 배설하지 못하면 잘 먹지 못하니까요.

인류는 고대부터 그 중요성을 인식하고 있었습니다. 1만 년 전 스코틀랜드 사람들은 배변의 독성을 알고 있어 일부러 흐르는 물 근처에서 일을 보았다고 하니까요.* 4000년 전 그리스 크레타 섬의 크노소스 궁전에는 수직 석관을 이용한 수세식 화장실도 있었다니 정말 놀랍죠? 이러한 전통은 고대 로마 시대에까지 그대로 이어졌지요.

중세로 접어들면서 목욕탕과 함께 실내 화장실은 서서히 사라졌어요. 육체의 유혹을 멀리하라는 교회의 가르침에 목욕은 건강에 나쁘다는 미신이 합세하면서 위생 문제가 뒷전으로 밀려났거든요. 자연스레 뒷간, 야외 변소, 요강 등이 다시 등장했지요.

앞에서 얘기했던 것처럼 화려한 유럽 궁전에서조차 화장실을 찾을 수 없었어요. 베르사유 궁전 외에도 1589년 영국 왕실이 "신분을 막론하고 어느 누구라도 식전 혹은 식후, 아침 일찍 혹은 저녁 늦게, 소변이나 다른 오물로 계단, 복도, 혹은 옷장을 더럽히는 일이 없도록 하라!"라는 경고장까지 붙였다는 사실에서 유럽 왕실들이 같은 문제로 골치를 앓았다는 걸 알 수 있어요. 1670년 프랑스 파리에서는 루브르 궁전 내 사람이 다음과 같이 개탄했다고 해요.

---

* 찰스 패너티 지음, 이형식 옮김, 《세계문화 벗겨보기》, 일출1995, p. 223

루브르 왕궁과 주변, 실내 복도와 문 뒤쪽 등 거의 모든 곳에는 엄청나게 많은 똥과 그것들에서 풍기는 참을 수 없는 악취들로 가득하다. 이는 왕궁에 사는 사람들 못지않게 날마다 이곳을 방문하는 사람들의 생리 현상 때문에 발생한 결과이다.

한동안 이 문제를 고치려는 움직임이 없었어요. 사람들이 화장실에 대해서 다시 생각한 계기는 1830년대에 영국 런던에서 창궐한 콜레라 때문이었지요. 서양 사람들은 이 전염병으로 수많은 사람을 잃고 나서야 위생에 대한 계몽 운동과 함께 다시 화장실을 만들기 시작했어요.

화장실의 역사는 이 정도로 살펴보고, 배변을 보는 곳을 왜 토일렛toilet이라고 했는지 잠시 생각해 보기로 하지요. 이 단어의 어원은 '천'이라는 뜻의, 중세 프랑스어 투왈toile까지 올라갑니다. 투왈렛toilette은 투왈의 작은말이었어요. 그러니까 투왈렛은 '천 조각' 정도로 해석하면 되겠네요. 이 투왈렛은 옷 보자기나 화장대 덮개를 의미하다가 17세기에는 화장대나 화장대에서 하는 치장 행위를 지칭하게 되었어요. 영어는 이 단어를 수용하여 토일렛이라고 썼는데, 의미는 침실 옆에 딸린 '화장용 작은 방'으로 시작해 '욕조 시설이 있는 화장용 작은 방'을 거쳐 '수세식 변소water closet'에 이르게 되었답니다.

한 가지 흥미로운 사실은 영국인들이 화장실을 지칭하기 위해 프랑스어에서 온 toilet이라는 단어를 쓰고, 프랑스인들은 영어 워터 클로짓water closet의 약자 WC를 자주 사용한다는 겁니다. 역사적으로 서로 많은 전쟁을 해 온 두 민족 간의 서로 미워하는 마음이 이 단어들의 사용에 살짝 드러나는 것 같아요.

말라리아가 '나쁜' 질병인 이유는?

콜레라는 '콜레라균에 의하여 일어나는 소화 계통의 전염병'을 말합니다. 다른 전염병으로는 말라리아malaria가 있어요. 말라리아 병원충인 학질모기에게 물려서 감염되는 병이지요.

말라리아는 이탈리아어예요. 이 단어는 '나쁜'이라는 의미의 말라mala와 '공기'라는 의미의 아리아aria를 합성한 말로, '나쁜 공기'라는 의미이지요. 이 단어를 가장 먼저 사용한 사람은 16~17세기 이탈리아 의사 프란치스코 토르티로 알려져 있어요. 처음에 악취가 나는 늪지대 공기 때문에 말라리아가 발병하는 것으로 여겼던 터라 그렇게 부른 거예요. 1800년대 후반에 이르러 학질모기가 말라리아를 옮긴다는 사실이 밝혀졌지만 여전히 병명은 고쳐지지 않고 있죠.

말장난 하나를 하자면 말라리아가 결코 있을 수 없는 도시는 어디일까요? 정답은 아르헨티나의 수도 부에노스아이레스Buenos Aires 예요. 왜냐하면 부에노스buenos는 '좋은'이라는 뜻이고, 아이레스 aires는 '공기'라는 뜻이니, '나쁜 공기'를 뜻하는 말라리아와는 정반대니까요.

6.
프랑스 혁명으로 대표하는
저항의 역사

실루엣_silhouette   **식당**_restaurant

부르주아_bourgeois   **단두대**_guillotine

바게트_baguette   **오른쪽/왼쪽**_right/left

실루엣이 원래 악명 높은
관료의 이름이라고?

silhouette
실루엣

당시 구두쇠로 유명했던 재무 장관 실루엣은 조롱의 대상이었어요.
사람들은 흰색 바탕 위에 검은색 종이로 윤곽만 나타낸
초상화 등 보잘것없는 것들에 그의 이름을 붙여 불렀답니다.

영어나 프랑스어 중에는 사람 이름에서 유래한 단어들이 적지 않습니다. 예를 들어 담배의 주성분 중 하나인 니코틴nicotine은 16세기 프랑스 외교관 장 니코Jean Nicot의 성에 인-ine을 붙여 만든 말입니다. 프랑스 파리로 담배와 그 씨앗을 가져온 사람이 그이기 때문이지요. 이외에도 간편식의 대명사인 샌드위치sandwich는 18세기 영국 귀족 존 몬테규John Montagu의 칭호인 샌드위치Sandwich 4세에서 비롯했고, '거부' '파업' 등을 의미하는 보이콧boycott은 19세기 영국 소작 대리인(지주를 대리해 소작농을 관리하는 일종의 마름) 찰스 보이콧Charles Boycott의 이름에서 유래했지요. 서양에서는 자동차 이름도 대개 발명자의 이름을 본떠 만들었어요. 이것을 보면 서양에는 개발자나 어떤 사건과 관련된 사람의 이름을 물건이나 사건에 붙이는 전통이 있음을 알 수 있죠.

사람 이름에서 유래한 또 하나의 단어는 실루엣silhouette입니다. 이 단어는 18세기 프랑스 귀족 에티엔 드 실루엣Étienne de Silhouette의 이름에서 유래했어요. 이 사람의 이름이 오늘날 실루엣이라는 의미로 쓰인 것과 관련해서는 두 가지 설명이 있어요.

가장 널리 알려진 설명은 그의 긴축 재정과 관련이 있어요. 당시에 오스트리아 왕위 계승 전쟁에서 독일 동부의 슐레지엔을 빼앗긴 오스트리아가 그곳을 되찾기 위해 프로이센과 7년 전쟁을 벌였어요. 실루엣은 1759년 3월 재무 장관으로 임명받아 7년 전쟁에 필요한 자금을 모으기 위해 아주 강력한 긴축 정책을 단행했지요.

하지만 이 전쟁은 귀족들 사이에서 호응을 얻지 못했어요. 실루엣의

7년 전쟁은 유럽의 거의 모든 열강이 참여해 그들의 식민지였던 아메리카와
인도에까지 확산된 대규모의 전쟁이에요.

지나친 언행이 여러 사람의 반감을 사기도 해서, 그는 곧 조롱의 대상이 되었지요. 사람들은 우아하지 못한 의상, 조잡한 나무로 만든 담뱃갑, 흰색 바탕 위에 검은색 종이로 윤곽만 나타낸 초상화 등 보잘것없는 것은 모두 '알 라 실루엣à la Silhouette', 즉 '실루엣식'이라고 불렀어요. 이 중 '흰색 바탕 위에 검은색 종이로 윤곽만 나타낸 초상화'가 오늘날까지도 그대로 남아 실루엣이라고 불리게 된 것이랍니다.

4개월이라는 짧은 재임 기간 때문에도 그는 조롱을 샀어요. 실루엣은 파리 참사원 자리를 돈으로 샀고, 그 뒤에 오를레앙 공작 밑에서 일을 했습니다. 1759년 3월에는 국무 위원과 재무 장관으로 승진했지만 불과 4개월 만에 그 자리에서 물러나고 말지요. 프랑스의 문학자이자 철학자인 볼테르는 한 지면을 빌려 다음과 같이 쓴 적이 있어요.

우리는 한 감독관을 알고 있는데, 그에 대해서 우리가 알고 있는 것은 사제의 시 몇 구절을 산문으로 번역한 사람이라는 것이 전부이다. 그는 독수리로 알려졌는데, 불과 몇 달 만에 이 독수리는 거위 새끼로 변했다.

볼테르의 이 말은 실루엣의 4개월이라는 짧은 재임을 잘 요약하고 있어요. 조롱도 포함되어 있지요. 긴축 재정 때문이 아니더라도 실루엣에 대한 여론은 그리 좋지 못했던 것 같아요.

한 가지만 바로잡자면 흔히 '그림자 그림'을 뜻하는 실루엣을 에티엔 드 실루엣이 고안한 것처럼 알려져 있는데 이것은 사실이 아니에요. 사람들은 그 이전부터 오랫동안 그림자를 보고 인물 윤곽을 그려왔기 때문이지요. 단지 당시의 시대 상황과 그의 개인적인 성향으로 그림자 그림에 그의 이름이 붙어 오늘날까지 전해진 것입니다.

역사적으로 약자가 강자에게 저항할 수 있었던 마지막 수단은 무엇이었을까?

실루엣이 행한 긴축 정책처럼 부당한 정책이나 행위에 대항하려면 어떻게 해야 할까요? 바로 보이콧boycott을 하면 됩니다. 보이콧이란 집단적으로 구매나 참여를 거부하는 운동을 말하지요.

이 단어의 기원은 1870년대로 거슬러 올라갑니다. 1870년대 후반 영국에는 연이은 흉년으로 끼니조차 거르는 사람들이 많았습니다. 수천 명의 농민이 세금을 낼 수가 없었지요. 많은 지주들은 세를 깎아 주는 등 선처를 베풀었어요. 하지만 아일랜드 북서부 메이요 주의 에른 경은 예외였지요. 그는 자신의 현지 관리인인 찰스 커닝햄 보이콧Charles Cunningham Boycott에게 세금을 내지 못하는 약 3000명의 사람들을 절대 봐주지 말라고 명령했어요.

가혹함을 견디지 못한 아일랜드 농민들은 토지 조합까지 만들어가면서 대항했지요. 보이콧에 대항하는 운동은 점점 힘을 얻으면서 사태가 극도로 험악해지자 아일랜드 북부에서 오렌지 당원(1795

년 아일랜드 신교도가 조직한 비밀 결사)들이 900여명의 군인을 이끌고 메이요에 들어와 남은 곡물들을 수확하고 고립된 보이콧을 구출했어요. 이러한 역사를 바탕으로 많은 사람들은 오늘날까지 구매나 참여를 거부하는 용어로 그의 이름을 널리 사용하고 있습니다.

보이콧과 비슷한 의미로 사보타주sabotage라는 단어가 있어요. 이 단어는 '나막신'을 뜻하는 프랑스어 사보sabot로부터 생긴 말이죠. 사보타주는 중세 유럽 농민들이 영주의 부당한 처사에 저항해 수확물을 나막신으로 짓밟은 데서 생긴 단어라고 합니다.

이러한 전통은 19세기 산업 혁명 시기에도 이어져, 프랑스의 노동자들은 기업주가 부당한 요구를 하면 신고 있던 나막신을 기계 속으로 던져 생산 설비의 작동을 중지시키기도 했답니다. 제1차 세계 대전 당시에는 비밀 공작 대원들이 다리, 철도 등을 파괴해 적의 진입을 막거나 지연시킨다는 의미로도 사용되었어요.

일찍이 고대 이집트의 무덤 벽화에도 나막신이 그려져 있는 것으로 보아 나막신은 오래전부터 있었던 것으로 보여집니다. 고대 로마 시대에 하층민도 신었고요. 유럽에서는 특히 프랑스, 네덜란드, 벨기에 등지에 사는 농민들이 이 무거운 작업용 신발을 많이 신었답니다.

요즈음 텔레비전 뉴스에서 한국이나 외국에서 농민들이 도로를 점유한 채 사과, 감자, 토마토 등을 쏟아 놓고 발로 밟거나 트럭으로 밀어 버리는 장면을 종종 볼 수 있는데, 나막신만 신지 않았을 뿐이지 행태나 의미는 사보타주와 똑같다고 할 수 있어요.

노동자들이 보이콧이나 사보타주를 너무 자주 사용하는 것도 문제지만, 그것을 너무 부정적으로 보는 것도 문제입니다. 사회적·경제적 약자가 강자에게 저항하는 마지막 수단이기 때문이죠. 그래서 서양에서는 기업뿐만 아니라 공공 기관이 파업을 해도 그렇게 탓하지만은 않습니다.

부르주아는 왜
프랑스 혁명을 일으켰을까?

|

bourgeois
부르주아

부르주아는 자신들의 지위가
사회에서 인정받기를 원했어요.
그들은 프랑스 혁명을 통해 정치적인 위상을 확보하고,
산업 혁명을 통해 부를 축적하여 후에
사회의 주요 계급이 되었지요.

역사서에서 자주 보던 단어 부르주아bourgeois는 성城이라는 뜻을 가진 부르그bourg와 관련이 있는 말입니다. 부르그는 프랑스어로 '부르', 독일어로 '부르크'라고 하지요. 실제로 프랑스나 독일에 가 보면 프랑스의 스트라스부르Strasbourg, 독일의 브란덴부르크Brandenburg, 함부르크Hamburg와 같이 '-부르'나 '-부르크'로 끝나는 도시들이 참 많아요.

오늘날 부르주아는 크게 세 가지를 의미해요. 첫째, 중세 유럽에서 성직자와 귀족에 이어 제3계급으로 등장한 사람들, 둘째, 근대 사회에서 자본가 계급을 형성한 사람들, 셋째, 돈 많은 부자이지요. 이렇게 의미가 다양한 요인으로 프랑스의 사회 구조를 들 수 있습니다.

유럽에서 부르주아가 출현했던 때는 11세기예요. 당시 부르주아는 성, 즉 도시에 사는 사람들을 가리켰죠. 도시가 발달하면서 부르주아 계급 역시 성장했습니다. 성직자와 귀족이 아니었던 이들은 성 주위에 살면서 도시 안팎으로 성장하는 무역업과 상업 덕분에 큰돈을 벌었지요. 부르주아는 이렇게 축적한 부를 앞세워 사제와 귀족에 이어 제3계급으로 성장했습니다.

하지만 부르주아는 신분의 차이로 무시와 차별을 받았어요. 그래서 귀족 작위를 사는 부르주아들도 등장했지요. 이러한 세태는 프랑스 작가 몰리에르가 1670년에 쓴 《평민귀족》에 잘 나타나 있어요. 몰리에르는 이 작품을 통해 돈 많은 부르주아인 주인공이 귀족으로 신분 상승하기를 꿈꾸며 벌이는 갖가지 우스꽝스러운 행태를 보여 주고 인간의 과도한 탐욕과 어리석음을 비판했지요.

18세기 부르주아는 자신들의 지위가 사회에서 인정받기를 원했지요. 프랑스 혁명으로 정치적인 위상을 어느 정도 확보한 부르주아는 제2제정 시대의 산업 혁명을 통해 부를 축적하고, 귀족들과 싸우면서 지위를 공고히 해 나갔어요. 〈공산당 선언〉에서는 부르주아를 "중세로부터 전해 내려오던 모든 계급을 뒷전으로 밀어냈다."라고도 표현하고 있지요. 농업 중심의 경제가 무너지고 주요 생산 수단을 독차지한 부르주아는 사회의 주요 계급인 고용주로, 그렇지 못한 프롤레타리아는 고용인으로 전락했지요.

우리나라는 어떨까요? 일제 강점기 때 있었던 부르주아와 프롤레타리아 사이의 계급 갈등은 일본인과 조선인의 민족 갈등에 가려 크게 부각이 되지 못했어요. 해방 이후에도 심각한 이념 갈등, 신탁 통치, 남북 분단, 한국 전쟁 등으로 사정은 마찬가지였지요. 1970년대 전태일 열사의 희생과 대학생들의 항쟁으로 노동자들의 열악한 환경이 사회의 쟁점으로 떠올랐지만, 전체적으로 볼 때 군부 독재를 타도하는 수준에 머문 것 같아요. 1980년대에는 민주주의 확산에, 1990년대는 외환 위기에 관심이 쏠렸지요. 역사적으로 한국 내의 부르주아와 프롤레타리아의 대립은 국가 위기 속에서 축소되어 제대로 표출되지 못했어요. 일부 학자들은 빈익빈 부익부 현상이 점점 심해지고 있는 오늘날의 상황을 우리나라의 진정한 부르주아와 프롤레타리아 갈등의 서막으로 보고 있답니다.

"무기를 들어라, 시민들이여. 너희의 군대를 만들어라.
나아가자, 나아가자. 더러운 피를 물처럼 흐르게 하자!"

부르주아를 중심으로 일어난 프랑스 혁명 덕분에
절대 왕정과 신분 질서가 폐지되었고
프랑스는 근대 시민사회로 나아갈 수 있었어요.

프롤레타리아의 원래 뜻은 무엇일까?

부르주아가 유산 계급이라면 프롤레타리아proletariat는 무산 계급을 말합니다. 프롤레타리아는 '로마의 최하층 시민'을 가리키는 라틴어 프로레타리우스proletarius에서 유래한 말이에요. 이 단어가 14세기 프랑스어로 들어가 프롤레테르prolétaire가 되었고, 이 단어에서 프롤레타리아prolétariat라는 말이 나온 것이죠.

이 단어를 처음 쓴 때는 1832년으로 기록되어 있지만, 그때만 하더라도 이 용어는 사람들에게 생소했어요. 왜냐하면 당시 산업 혁명의 진전과 함께 지주·소작인의 관계가 자본가·임금 노동자의 관계로 변화하기 시작하였으나 19세기 초반까지 임금 노동자가 소수였기 때문이죠. 1840년대에 독일의 사회학자 카를 마르크스가 이 용어를 정의하고, 1848년 프랑스의 2월 혁명에서 노동자 계급의 대규모 저항이 발생하고 나서 임금 노동자가 사회 전면에 드러나자 프롤레타리아라는 용어가 유럽 여러 나라에 널리 알려지게 됩니다.

마르크스는 생산 수단의 소유 여부에 따라 부르주아와 프롤레타리아로 구분했어요. 부르주아는 소유한 생산 수단과 자본으로 상품을 제조하고 판매해 부를 축적하는 반면, 프롤레타리아는 생존을 위해 자본가에게 노동력을 제공하고 그 대가로 임금을 받아 살아가는 계급이라고 정의했지요.

한국에는
진짜 프랑스 바게트가 없다?

---

baguette
바게트

프랑스 혁명의 산물인 바게트는
모두가 평등하게 먹을 수 있는 저렴하고 맛있는 국민의 빵입니다.
하지만 한국에서 우리가 맛보는 바게트는
고소한 맛도 덜하고 가격도 프랑스보다 비싸요.

1980년대까지 '빵집' 하면 바로 '독일'을 떠올릴 정도로 우리나라엔 독일식 빵집이 많았어요. 그런데 1988년 광화문에 문을 연 '파리 바게뜨'라는 빵집이 인기를 끌면서 독일식 빵집은 하나둘씩 사라졌습니다. 이 '파리 바게뜨'는 2014년에 전국에 3000개 이상의 점포를 둘 정도로 급성장했지요. 요즈음은 군이나 면 소재지에서도 이 빵집을 쉽게 찾아볼 수 있다니 놀라운 변화가 아닐 수 없어요. 적어도 빵에 관한 한 프랑스는 한국에서 독일을 물리친 셈이에요.

여기에는 한 가지 불편한 진실이 있어요. '진짜' 바게트baguette는 드물다는 것이죠. 여기서 말하는 '진짜' 바게트는 프랑스 바게트를 말해요. 한국 것과 프랑스 것 사이에는 크게 세 가지 차이점이 있어요. 첫째, 한국 바게트는 크기가 작아요. 한국 바게트는 45cm 정도지만, 프랑스 바게트는 65cm 정도 됩니다. 둘째, 두 바게트의 맛이 달라요. 프랑스 바게트는 겉은 딱딱하지만 안은 부드럽고 고소한데, 한국 바게트는 질기고 고소한 맛도 덜하죠. 셋째, 한국 바게트가 가격이 비쌉니다. 한국에서는 3000원 정도 하지만 프랑스에서는 1500원 정도예요.

물가가 비싸기로 소문난 프랑스에서 바게트가 이렇게 싼 이유는 뭘까요? 바로 정부가 가난한 사람들도 부담 없이 바게트를 사 먹을 수 있도록 가격을 통제하고 있기 때문이지요. 여기에 담긴 철학은 국가가 생필품의 가격을 통제해서라도 국민이 먹는 문제로 고통받는 일이 없도록 하겠다는 것이지요. 우리는 여기서 프랑스 혁명의 정신과 프랑스식 사회주의를 다시 한 번 확인할 수 있어요. 프랑스 정부는 바게트 외에도 포도주, 커피, 치즈 등의 가격을 통제하고 있답니다.

프랑스 바게트는 프랑스 혁명의 산물이에요. 프랑스 혁명이 일어난
지 얼마 안 된 1793년 국민 공회는 "이제부터 모든 프랑스인은 똑같은
빵을 먹어야 한다."라는 법령을 공포합니다. 내용을 좀 더 자세히 살펴
볼까요?

(프랑스 혁명으로 모두가) 평등해진 체제에서, 부자와 빈자의 구분은
없어야 한다. 따라서 부자는 최상품 밀가루 빵을 먹고 빈자는 밀기울
빵을 먹는 일도 없어져야 한다. 모든 제빵사는 감방에 가는 게 싫으면
'평등의 빵'이라는 단 한 가지 빵을 만들어야 한다.

1856년 나폴레옹 3세는 이 '평등한 빵'의 크기와 무게를 40cm와
300g 정도로 규격화하려고 한 적도 있어요.
제2차 세계 대전 이후 프랑스에도 현대화와 기업화 바람이 불었어
요. 제빵업도 이러한 흐름에서 비켜 갈 수 없었지요. 바게트도 기계로

만들게 되었고요. 이러한 대량 생산으로 제빵 회사는 해외로 진출할 수 있었지만 동네 골목에서 전통 방식으로 바게트를 만들던 제빵사들은 큰 타격을 입었어요. 참다못한 제빵사들은 1980년대 말 전통과 자신들의 생존권을 내세우며 바게트의 기계화·기업화를 반대하고 나섰지요. 이에 프랑스 정부는 1993년 '빵에 관한 법령'을 제정해 제빵사들의 손을 들어 주었어요. '프랑스 전통 바게트'를 만드는 규정도 생겼어요. 여기에 따르면 '프랑스 전통 바게트'에는 밀가루, 물, 효모, 소금만을 넣어야 합니다.

프랑스 바게트는 국가의 적극적인 보호 하에 오늘도 그 전통을 꿋꿋이 지켜 나가고 있어요. 대기업이 소상인의 삶의 터전을 빼앗는 한국과는 참으로 대조적이죠.

바게트의 어원은 '막대기'를 의미하는 라틴어 바쿨룸baculum인데, 이는 바게트가 마치 막대기처럼 길게 생겼기 때문에 붙은 이름이에요.

+1분 세계사

이집트 노예의 실수가 맛있는 빵을 만들었다?

바게트와 같이 밀가루로 빵bread을 만들기 시작한 것은 기원전 2600년경이라고 하니 오래되었지요? 사람들이 빵 만드는 방법을 알게 된 것은 우연이었어요.*

본래 이집트의 빵은 누룩을 넣지 않아서 납작했어요. 어느 날 한 이집트 노예가 반죽한 빵을 화덕에 넣고 잠시 졸고 말았어요. 잠에서 깬 그는 소스라치게 놀랐어요. 화덕에 불이 꺼졌을 뿐 아니라 얇은 밀가루 반죽이 평소보다 두 배나 부풀어 있었기 때문이죠. 그가 잠든 동안 화덕의 열기가 밀가루 반죽을 발효시켰던 거예요.

노예는 불을 다시 지폈고, 열기가 부푼 밀가루 반죽을 다시 납작하게 만들어 주기를 기대했어요. 그런데 밀가루 반죽은 납작해지기는커녕 더 커지고, 껍질은 딱딱해지면서 금빛을 띠었어요. 어쩔 수 없었던 노예는 '실패한' 빵을 주인에게 건네주었는데, 크게 혼날 것이라는 예상과 달리 주인은 그 빵을 매우 맛있게 먹었고 노예의 요리 솜씨를 크게 칭찬했어요. 앞으로는 빵을 그렇게 만들라고도 했고요. 참 재미있는 이야기지요.

참고로 빵은 포르투갈어 뻐웅pão이 일본어를 거쳐 한국어로 들어온 단어랍니다.

---

* Morag J. McGhee & R. Brasch, 《Mistakes, Misnomers and Misconceptions》, Merriam Tynron Press 1990, p. 20

파리의 고급 레스토랑 문화는 실직한 요리사들 덕분이다?

restaurant
식당

프랑스 혁명이 일어나고 귀족들이 국외로 망명하면서,
많은 요리사들이 일자리를 잃었습니다.
실직한 요리사들은 혼자 파리로 올라와
밖에서 식사하는 일이 많았던 지방 대표들을 위해
식당을 열기 시작했어요.
이것이 바로 파리의 레스토랑 문화가 시작된 배경입니다.

레스토랑restaurant이 '식당'을 의미한다는 것은 다 알고 있는 사실이지요. 그런데 이 단어가 프랑스어라는 것은 많이들 모를 거예요. 어원부터 살펴보면, 라틴어 '기력을 회복하다.'를 의미하는 레스타우라레restaurare까지 거슬러 올라가요. 레스타우라레는 12세기 중엽에 프랑스어 레스토레restaurer가 되었고, 16세기에 여기서 파생된 단어가 바로 레스토랑입니다. 레스토랑을 글자 그대로 해석하면 '기력을 회복시켜 주는'라는 의미예요.

레스토랑은 본래 '기력을 회복시켜 주는' 음식을 가리키던 말이었어요. 17세기 중반에 양의 발을 흰 소스와 함께 푹 끓인 수프를 '레스토랑'이라고 불렀는데, 이 수프는 기력을 회복시키는 데 탁월한 효과가 있었다고 하네요. 18세기 중반에 와서 그런 음식을 파는 장소까지 레스토랑이라고 하게 되었지요.

레스토랑의 발전은 프랑스 혁명과 관련이 있어요. 프랑스 혁명이 일어나자 귀족들은 생명의 위협을 느껴 국외로 망명하고 그들 밑에서 일하던 요리사들은 졸지에 실업자로 전락했어요. 이것은 오히려 식당을 열고 싶은 사람들에게 훌륭한 요리사를 아주 쉽게 구할 수 있는 좋은 기회였지요. 또한 혁명 후 많은 지방 대표들이 혼자 파리에 올라와 밖에서 식사하는 일이 잦았어요. 자연스레 파리 시내에는 식당이 우후죽순처럼 생겨납니다. 프랑스 혁명이 일어난 1789년에는 왕궁 근처에 이미 100여 개의 고급 식당이 문을 열었다고 해요. 30년 후에는 그 수가 3000여 개로 늘어났다고 하고요.

프랑스인의 식사에 대해서 좀 더 이야기해 볼까요? 프랑스인은 미식美食을 하기로 유명해요. 세계에서 인구 대비 식당 수와 음식에 지출하는 금액도 가장 많다고 합니다. "내게 네가 먹는 것을 말해 봐. 그러면 네가 어떤 사람인 줄 말해 줄게."라는 유명한 프랑스 말은 그들이 먹는 것을 얼마나 중요하게 여기는지를 잘 보여 줍니다.

프랑스인의 일반적인 식사 순서는 식전주, 전채, 주요리, 치즈, 후식, 커피 순입니다. 계산은 손님이 계산대에서 직접 하는 경우는 드물고 종업원이 계산서를 가져다주면 식탁에서 계산하지요. 봉사료는 음식값의 15% 정도인데, 계산서에 포함된 경우도 있고 그렇지 않으면 계산서를 놓았던 접시에 돈을 남기면 돼요. 물론 의무는 아니고요.

프랑스 식당과 관련해서 한 가지 꼭 알아 둘 것은 대부분 식당이 정해진 시간에만 문을 연다는 사실이에요. 예를 들어 오후 2시 이후나 오후 10시 이후에는 손님을 받지 않는 식당이 많아요. 하루 종일 문을 여는 식당에 익숙한 우리에게는 좀 당황스럽지만 로마에 가면 로마법을 따를 수밖에 없지요. 프랑스인들에게는 먹는 것도 중요하지만 쉬는 것도 중요하니까요!

죽음도 평등해야 한다는 생각에
단두대를 만들었다?

guillotine
단두대

프랑스의 사형 체제는 계급에 따라 달랐어요. 그러나
혁명 이후 죽음도 평등해야 한다는 생각에 단두대가 만들어졌지요.
이후 왕족, 귀족, 평민에 관계없이 모두 단두대에서 똑같이
죽음을 맞이했답니다.

영어 사전에서 guillotine을 찾아보면 '단두대'라고 나옵니다. 단두대斷頭臺는 글자 그대로 사람의 '머리(頭)'를 '자르기(斷)' 위한 '장치(臺)'를 말하지요. 기요틴guillotine은 프랑스의 조제프 기요탱Joseph Guillotin이라는 내과 의사의 이름에서 유래한 것이에요. 이 말은 그 무시무시함 때문인지 많은 오해의 대상이 되어 왔어요.

단두대는 프랑스 혁명의 산물이에요. 여러분도 알다시피 프랑스 혁명은 절대 왕정이라는 이른바 구체제를 타도의 대상으로 삼았기 때문에 혁명 이후 10여 년간 루이 16세, 마리 앙투아네트를 비롯해 약 2500명을 처형했어요. 이 과정에서 사람들은 죄수의 죄목과 지위에 따라 엄격히 등급화된 사형 체제를 시행했지요. 예를 들어 이교도는 화형에 처했고, 반역자는 네 갈래로 찢어 죽였으며, 살인자와 노상강도들은 마차로 깔아뭉갰어요. 만약 평민이면 교수형에 처했고, 귀족이면 참수형에 처했고요. 당시 교수형은 집행자가 손을 떨거나 기술이 조잡해 한 번에 끝나지 않아서 처형되는 사람의 고통만 가중되는 경우가 많았지요. 반면에 귀족들을 처형하는 참수형은 고통이 오래가지 않았어요.

조제프 기요탱은 사형 제도를 문제 삼지는 않았어요. 다만 계급에 따라 처형 방식을 달리하는 것을 바꿔야 한다고 생각했지요. 그래서 프랑스 혁명이 내세운 박애와 평등이라는 새로운 정신을 처형 방식에도 적용해 누구든 순식간에, 그리고 평등하게 참수할 수 있는 새로운 도구를 만들어야 한다고 주장했어요. 기요탱의 이러한 주장에 대해 당시 언론은 "기요탱의 제안 속에서 느껴지는 인도적인 감정"을 높이 평가하며 그의 주장을 지지했지요.

일반적으로 알려진 것과는 달리, 기요탱은 효율적인 도구를 개발하자고 주장했을 뿐 직접 개발하지는 않았어요. 단두대를 개발한 사람은 앙투안 루이Antoine Louis라는 외과 의사였어요. 처음 단두대를 선보였을 때 사람들은 그의 이름을 본떠서 루이종louison 또는 루이제트louisette라고 불렀지요. 하지만 곧 사람들은 개발하자고 제안한 사람인 기요탱의 이름을 따서 '기요틴'이라고 부르기 시작했어요. 그는 자기 이름을 단두대에 붙이는 것을 원치 않았지만 많은 이들이 그렇게 부르는 이상 어떻게 해 볼 도리가 없었지요. 이를 본 프랑스 소설가 빅토르 위고는 다음과 같이 말했답니다.

"어떤 사람들은 참으로 불행하다. 콜럼버스는 자신이 발견한 신대륙에 자신의 이름을 붙이지 못했고, 기요탱은 자신이 고안한 기구에 자신의 이름이 붙여지는 것을 막을 수 없었으니 말이다."

또 하나의 오해는 기요탱이 단두대로 처형당했다는 것인데, 이것 역시 사실이 아니에요. 기요탱은 심한 어깨 염증으로 고생하다 76세의 나이로 병사했습니다. 그가 세상을 떠난 뒤 자녀들은 죽은 아버지와 살아 있는 자신들을 위해 단두대의 이름을 바꾸어 줄 것을 정부에 요구했지만, 이 요구는 받아들여지지 않았어요. 자녀들은 성을 바꿔 버릴 수밖에 없었지요.

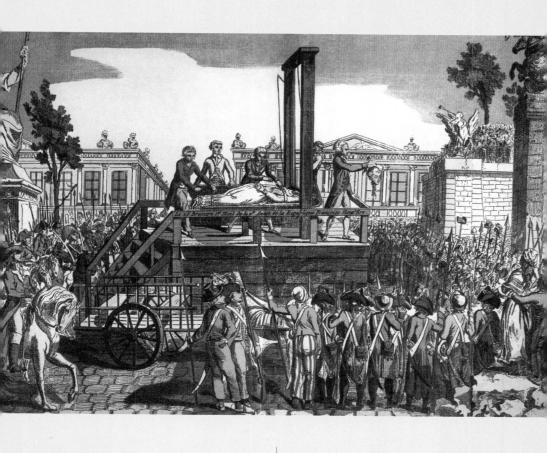

프랑스 혁명 이후 10여 년간
루이 16세, 마리 앙투아네트를 비롯해 약 2500명이
계급에 상관없이 모두 평등하게 단두대에서 처형당했어요.
프랑스는 죽음에서까지도 평등 정신을 실천한 거죠.

왜 오른손은 옳고, 왼손은 그르다고 생각하게 되었을까?

|

right/left
오른쪽/왼쪽

왼손, 오른손에 대한 편견은 다양한 분야에서 나타납니다.
이러한 생각은 오른손잡이가 많았기 때문에 생겼어요.
왼손잡이로 태어난 사람이 사회적 압력이나 박해 속에서
오른손잡이를 선택하는 경우가 많다고 합니다.

인간이 가진 편견 중 하나가 오른손은 옳고 정교한데 왼손은 그르고 서투르다는 것입니다. 성경에도 "오른손이 하는 일을 왼손이 모르게 하라."라는 표현이 나와요. 물론 이것은 '선한 일을 할 때 남이 모르게 하라.'라는 의미지요. 이 성경 구절을 올바르게 해석하더라도 왼손에 대한 편견에서 완전히 벗어나기는 어려울 것 같아요. '오른손'은 뭔가를 하는 적극적이고 능동적인 손인데 반해, '왼손'은 아무것도 모르는 소극적이고 수동적인 손으로 묘사되고 있기 때문이지요.

왼손에 대한 편견은 오른손잡이가 많아서 생겼어요. 전문가들에 따르면, 원래 인간의 25% 정도는 왼손잡이로 태어난다고 해요. 하지만 사회적 압력이나 박해 속에서 오른손잡이를 선택하는 경우가 많다고 합니다. 그래서 오른손잡이가 절대다수가 된 것이죠. 20세기 후반 민주주의가 확산되고 이러한 압력이나 박해가 약해지면서 왼손잡이의 숫자가 상당히 많이 늘어난 것이 이를 뒷받침하지요.

인간은 처음에 어떤 이유로 오른손잡이를 선택한 것일까요? 이에 대한 가설은 참으로 많아요. 그중 하나를 소개하면, 전투나 싸움을 할 때 오른손에 무기를 쥐면 상대의 심장을 최단 거리에서 공격할 수 있다고 해요. 왼손으로 방패를 쥐고 오른손으로 무기를 사용하는 것이 생존 경쟁에 유리해 오랜 세월을 거치면서 오른손잡이가 다수가 된 것이죠. 이것도 여러 가설 중 하나일 뿐이에요. 오른손과 왼손에 관련된 비밀은 여전히 수수께끼로 남아 있지요.

왼쪽과 오른쪽에 대한 인간의 편견은 언어에도 나타납니다. 영어 단어 라이트right는 '오른쪽의'라는 뜻과 함께 '옳은' '바른'이라는 뜻을 가

◆◆◆
1789년 프랑스 국민 의회부터 보수 진
영이 오른쪽에, 진보 진영이 왼쪽에 앉
는 전통이 생겼어요.

지고 있어요. 이는 독일어 레히트recht, 프랑스어 드루아droit에서도 마
찬가지예요. 중국에서도 오른쪽을 왼쪽보다 더 숭상하지요. 우도右道
는 '바른길'을 말하고, 좌어左語는 '야만인의 말'을 뜻하고, 좌성左性은
'비뚤어진 심보'를 말한다고 해요.* 내직에서 외직으로 쫓겨나는 것을
뜻하는 좌천左遷도 벼슬이 깎인다는 부정적인 의미이지요.

　왼쪽과 오른쪽으로 나누는 기준은 정치계에도 있어요. '좌파' '우파'
가 단적인 예이지요. 흔히 보수적인 사람을 '우파'라고 하고 진보적인
사람을 '좌파'라고 하는데, 이는 프랑스 혁명에서 유래했어요. 1789년
프랑스 국민 의회에서 귀족들을 오른쪽에, 평민들을 왼쪽에 앉혔지요.
당시 귀족들은 정치적으로 보수 성향을 띠고 있었고, 평민들은 진보
성향을 띠고 있었어요. 이것이 하나의 전통이 되어 그다음 회의에서
도 이 정치적 관행에 따라서 그대로 앉게 되었다고 합니다.

*　박갑천 지음,《재미있는 어원 여행》, 을유문화사1995, pp253~256

여러분이 알다시피 한국도 정치적 좌우 구별이 매우 심한 나라예요. 일제 강점기에 생겨난 이 개념은 남북 분단과 한국 전쟁을 치르면서 한층 강화되었지요. 1980년대 민주화 운동을 거쳤지만 좌우 논리는 아직도 우리 생활 전반을 지배하고 있어요. 보수적인 사람들은 '좌파'만으로는 부족한지 '좌빨'이라는 단어도 사용하고 있지요. '좌빨'은 '좌파'와 '빨갱이'라는 단어를 붙여 만든 말이랍니다. 우리 사회는 아직도 '좌우익 소아병'에서 벗어나지 못하고 있는 것 같아요.

7.
산업 혁명으로 본격화된
근대화와 산업화 물결

샌드위치는 원래 도박을 좋아하기로 유명한 귀족의 이름이었다?

sandwich
샌드위치

오늘날 대표 간편식인 샌드위치는 존 몬테규 샌드위치 백작이 생각해 냈어요.
샌드위치라는 이름도 그에게서 비롯했지요. 백작이 도박을 너무
좋아한 나머지 식사 시간을 아끼고 싶어 샌드위치를 만들었다고도 하지만,
오히려 열심히 일하기 위해서였다고도 전해져요.

사람들은 '샌드위치sandwich'라고 하면 무엇을 떠올릴까요? 대부분은 얇은 빵 두 장 사이에 고기, 달걀, 치즈, 채소 등을 끼워 넣은 음식을 떠올릴 겁니다. 이렇게 샌드위치는 고기, 빵, 채소를 한꺼번에 먹을 수 있어서 오늘날 '간편식'의 대명사로 불리지요.

　사람들이 간편식으로 식사하기 시작한 것은 8세기부터랍니다.* 사람들이 이러한 음식을 샌드위치라고 부르기 시작한 것은 18세기 후반부터이고요. 앞에서도 설명했듯이 샌드위치는 사람의 이름에서 유래했어요. 주인공은 바로 존 몬테규 샌드위치John Montagu Sandwich 백작 4세이지요.

　'백작'은 4세기부터 로마 제국에서 지위가 높은 사람들에게 내리던 칭호예요. 라틴어로 코메스comes, 즉 왕의 '동료'를 의미했지요. 이후 백작은 점점 늘어나 9세기 중반부터 자식에게 물려줄 수 있는 칭호가 되었어요. 백작 3세, 4세가 생겨났지요. 샌드위치는 고대 영어 샌드비캐sandwicæ에서 유래한 말로, 글자 그대로 해석하면 '모래 항구'라는 뜻이에요. 아마도 존 몬테규의 조상은 영국 켄트 지방에 있는 모래가 많은 항구를 영지로 가진 귀족이었나 봅니다.

　존 몬테규 백작은 노름을 너무나 좋아한 나머지 식사 시간마저 아끼려고 하인에게 빵 조각 사이에 고기를 넣어 오도록 했고 그것으로 허기를 달랬다고 해요. 다른 귀족들도 이를 따라 하면서 이러한 식사법은 널리 유행하기 시작했어요. 이와 관련해 1762년에 영국의 역사가 에

---

* 발터 크래머, 괴츠 트랭클러 지음, 박영구, 박정미 옮김, 《상식의 오류사전 1》, 경당 2000, p. 162

◆◆◆
샌드위치 백작은 도박을 좋아한 것으로 유명하지만
태평양 지도를 완성시킨 영국의 유명 항해가 제임
스 쿡을 지원한 인물이기도 해요.

드워드 기번은 "영국에서 가장 중요한 20명 또는 30명이 작은 식탁에
서 차가운 고기 조각으로 저녁 식사를 하고 있었다."라 적고 있어요.

존 몬테규 이야기로 돌아가서 그는 타락한 정치인으로 성격이 고약
하고 비열한 행동을 일삼는 사람이었다고 해요.* 하루 종일 도박판을
벌였을 뿐만 아니라 도로 양쪽을 모두 이용하면서 걸을 정도로 안하
무인이었대요.

반면에 아주 일부이기는 하지만, 존 몬테규가 노름에 미친 사람은
아니라고 주장하는 사람들도 있어요. 이들에 따르면, 그는 오히려 열
심히 일하는 정치인으로, 1771년부터 1772년까지 해군 대신을 역임
하는 동안 책상 앞에 앉아 샌드위치를 먹으면서 일할 정도로 열심히

---

* Daniel Brandy, 《Motamorphoses》, Points Goût des Mots 2006, p. 76

했다고 해요.

두 가지 설명 중 어느 설명이 맞는지는 정확히 알 수 없지만, 한 가지 분명한 것은 존 몬테규가 영국 탐험가 제임스 쿡이 태평양을 항해하는 데 재정적으로 많이 도와주었다는 사실입니다. 제임스 쿡 선장은 폴리네시아의 한 군도를 발견했을 때, 그의 은혜에 보답하는 의미로 그 군도에 '샌드위치 제도Sandwich Islands'라는 이름을 붙였지요. 바로 이곳이 북태평양 동쪽에 있는 하와이 제도, 즉 미국의 하와이랍니다.

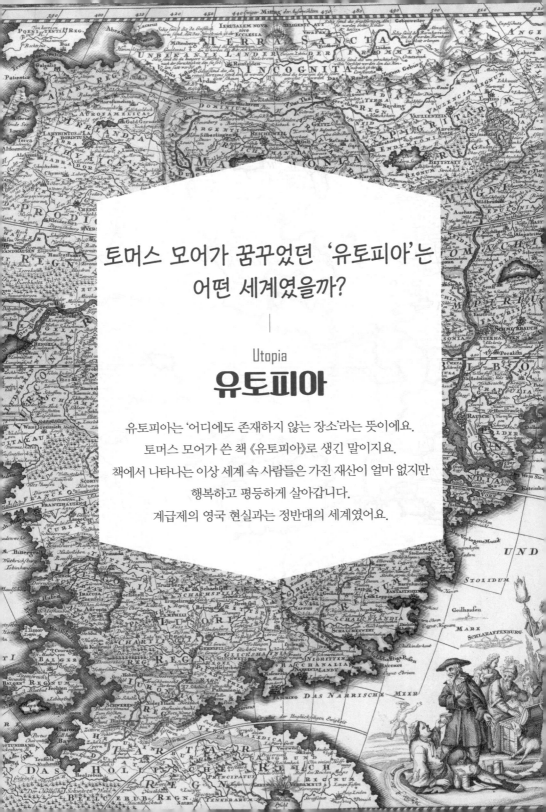

토머스 모어가 꿈꾸었던 '유토피아'는 어떤 세계였을까?

Utopia
유토피아

유토피아는 '어디에도 존재하지 않는 장소'라는 뜻이에요.
토머스 모어가 쓴 책《유토피아》로 생긴 말이지요.
책에서 나타나는 이상 세계 속 사람들은 가진 재산이 얼마 없지만
행복하고 평등하게 살아갑니다.
계급제의 영국 현실과는 정반대의 세계였어요.

유토피아Utopia는 한국으로 건너와서 참으로 고생(?)하는 단어입니다. 유토피아는 유u와 토피아topia를 붙여 만든 그리스어예요. 유는 부정否定을 나타내는 접두사이고, 토피아는 '장소'를 의미하는 토포스topos에서 파생한 명사예요. 유토피아는 '어디에도 존재하지 않는 장소', 즉 '이상향理想鄕'을 말하지요.

하지만 어원을 모르는 사람들이 유토uto와 피아pia로 나눈 다음 유토 대신에 오토auto, 워터water, 토이toy, 랜드land 등을 갖다 붙여 정체불명의 단어들을 만들어 내고 있어요. 오토피아, 워터피아, 토이피아, 랜드피아 등은 또 다른 오용을 부추기고 있어 참으로 안타깝습니다. 이러한 오용과 남용을 막기 위해서라도 어원을 아는 일은 중요합니다.

이 단어를 만든 사람은 영국 인문주의자 토머스 모어예요. 그는 1516년에 《유토피아》를 출간했는데, 이 책의 제1권은 유럽의 사회·경제 상황을, 제2권은 유토피아의 사회·경제 상황을 기술하고 있어요. 이상 사회는 상상의 섬에 건설된 세계로 실제로 존재할 수 없기에 모어는 이 섬을 '유토피아'라고 불렀습니다.

이 책은 모어가 한 선원의 이야기를 듣고 옮겨 적는 형식으로 쓰였어요. 이 선원은 이탈리아 탐험가 아메리고 베스푸치를 따라 신대륙 탐험에 나섰다가 돌아오는 길에 들른 유토피아 섬에서 보고 들은 이야기를 모어에게 말해 주어요. 섬에 사는 10만 주민들은 각자 필요한 만큼의 물건만 시장에서 구입합니다. 집들은 모두 똑같고 자물쇠가 필요 없을 정도로 안전하지요. 가정부, 사제, 귀족, 하인, 거지도 없고요. 유토피아 섬에서는 이상적인 공산제가 실시되어 사유 재산도 없

유토피아는 어디에도 존재하지 않는 장소를 말해요.
토머스 모어가 꿈꾸었던 유토피아는 당대 계급제의 영국과 정반대의 곳이었죠.

고 가정생활도 건전하며 종교상의 관용도 유지됩니다.

　모어가 살고 있던 영국의 현실은 유토피아와는 거리가 멀었어요. 강력한 계급제 사회로 농민에 대한 수탈은 날로 심해져 갔지요. 또한 국왕 헨리 8세는 왕비 캐서린과 이혼하고 시녀 앤 불린과 결혼하려 했는데, 교황이 이를 반대하자 영국 교회를 카톨릭 교회에서 독립시켜 버렸어요. 이를 못마땅하게 여긴 모어는 결혼식에 불참했고, 헨리 8세가 교황권을 부정하는 것에 대해 반대했지요. 대법관직도 사임했고요. 결국 그는 재판에 회부되어 사형 선고를 받았어요. 판결을 받기 전에 모어는 "세속인은 영적 지도자가 될 수 없다."라며 끝까지 자신의 뜻을 굽히지 않았고, 처형대에서는 "나는 왕의 좋은 신하이기 전에 하느님의 착한 종으로서 죽는다."라고 선언했어요. 그의 철저한 종교 신념은 후대에 높이 인정을 받아 1886년에는 복자(교황청에서 공경이 될 만하다고 지정한 사람에게 붙이는 호칭. 준성인)로 시복되었고 1935년에는 성인으로 시성되었어요.

모어는 죽을 때까지도 유머 감각을 잃지 않은 것으로 유명해요. 예를 들어 사형장에서 자기 수염은 반역죄를 짓지 않았으니 도끼를 받을 이유가 없다면서 수염을 잡아 빼고, 사형 집행인에게는 "내 목은 매우 짧으니 조심해서 자르게."라고 당부하기도 했어요.

토머스 모어는 자신이 묘사한 유토피아와 현실 세계 사이에서 많은 갈등을 경험한 인물임에는 틀림이 없는 것 같아요. 정도의 차이는 있지만 우리도 현실과 이상 사이에서 많은 갈등을 경험하면서 살지요. 이것은 아마 모든 인간의 운명일지도 모릅니다.

'클럽'의 역사는
술집에서 시작되었다?

—

club
클럽

클럽의 역사는 상류층과 지식인이 자주 드나들던
술집에서 시작되었죠. 당대 가장 유명한 클럽 장소로는
윌리엄 셰익스피어와 그의 동료들의 모이던
선술집 머메이드 태번이 있습니다.

한국에서 클럽club은 다양한 의미로 사용되고 있어요. 중·고등학생이나 대학생에게는 학교 내에서 특정 활동을 같이하는 동아리를, 일반인에게는 등산 클럽이나 웃음 클럽과 같은 동호인들이 만든 친목 조직을 가리키니 말입니다. 골프를 치는 사람들에게는 골프공을 치는 골프채가, 유흥업에 종사하는 사람에게는 나이트클럽 같은 유흥업소가 여기에 해당하고요. 이렇듯 클럽이라는 단어는 한국에서 여러 의미를 가지므로 클럽의 정확한 의미를 파악하려면 그다음에 나오는 문맥을 봐야 할 거예요. 예를 들어 '클럽' 다음에 '활동을 하다.'라고 하면 학생들의 활동을 말하고, '클럽' 다음에 '에 나간다.'라고 하면 술집과 같은 유흥업소를 말하기 때문이지요.

클럽의 어원은 무엇일까요? 온라인 영어 어원 사전 사이트에 의하면, 클럽의 어원은 고대 스칸디나비아 클루바klubba인데, 이 단어의 의미는 '사람들을 때리기 위한 굵고 무거운 막대기'였어요. 우리 식으로 말하자면 곤장이지요. 이는 골프공을 치는 골프채를 클럽이라고 하는데에 여전히 그 흔적이 남아 있답니다.

이 클루바가 13세기에 영어로 들어가 클럽이 되었어요. 16세기 말, 17세기 초에 클럽은 동사로 쓰여, '함께 덩어리를 만들다.' '모으다' '결합하다' '재정적 자원을 모으다.' '비용을 같이 내다.'라는 의미로도 사용되었어요. 1674년 영국 의사 나타니엘 페어팍스가 《세상의 뛰어난 부분과 가장자리》에서 쓴 "그러한 두 개의 세상은 함께 연대하여 하나가 되어야 한다."라는 문장에서 club은 '연대하다'라는 동사로 쓰이죠. 이처럼 클럽은 '막대기'에서 '모으다'로, '모으다'에서 '사람들의 모임'

으로 그 의미가 변해 왔어요.

클럽의 기원은 고대 로마 시대의 종교 조직에서 찾을 수 있습니다.[*] 이들은 한자리에서 식사를 하는 등 구성원 사이의 접촉을 통해 친목을 도모하거나 서로의 관심사에 대해서 논하고 조직의 발전을 위해 공동 목표를 설정하기도 했다는군요.

근대 클럽의 역사는 16세기경 영국 엘리자베스 1세 치하 때 친한 친구들이 자주 드나들던 선술집에서 시작되었어요. 셰익스피어와 그의 절친한 동료들은 선술집인 머메이드 태번에 모여 문학을 논의했고, 술잔을 치켜들며 창작의 영감을 떠올렸다고 합니다.

영국에 클럽이 있다면 프랑스에는 살롱이 있지요. 이 둘은 공통적으로 모두 당대 상류층과 지식인이 모여 문학, 정치, 인생 등을 논한 곳으로, 각국의 지성계를 이끌었습니다. 이들의 활동은 영국의 시민 혁명, 프랑스 혁명에 적잖은 영향을 끼쳤고 오늘날에도 그대로 이어지고 있어요.

안타까운 점은 한국의 클럽이나 살롱이 이런 지적 전통을 제대로 이어받지 못했다는 것이에요. 문학과 토론은 간곳없고 향락만이 남아 있으니 참으로 안타까운 일이지요.

---

[*] 피에르 제르마 지음, 최현주, 김혜경 옮김,《세상을 바꾼 최초들》, 하늘연못 2006, p. 37

'샴푸'라는 말의 어원이
인도의 힌디어라고?

shampoo
샴푸

동인도 회사의 해산 이후 영국에 힌디어와 인도 문화가 유입되었어요.
대표적인 예로 샴푸가 있지요.
'근육을 주무르다.'라는 의미의 힌디어 참프나champna가 인도 영어로 들어와
샴푸가 되면서 오늘날처럼 '머리를 감기 위한 세제'로 바뀌었답니다.

샴푸shampoo는 힌디어 참프나champna에서 유래한 말입니다. 이처럼 힌디어를 어원으로 가지는 경우는 아주 드물지요. 참프나는 '근육을 주무르다.' '누르다'라는 의미의 동사였어요. 여기에서 참포champo가 생겼고, 이것이 인도 영어로 들어가 오늘날의 샴푸가 되었지요. 샴푸의 본래 의미는 '마사지하다'였어요.

오늘날처럼 '머리를 감다.'라는 의미로 쓰이기 시작한 것은 1860년부터라고 합니다. '머리를 감기 위한 비누'가 된 것은 그로부터 6년 뒤인 1866년부터이고요. 샴푸는 처음에 머리를 마사지하는 행위를 지칭했고 서서히 마사지를 하기 위해 바르는 물질을 가리키다가 오늘날처럼 머리를 감을 때 사용하는 세제를 말하게 되었지요.

이 단어가 영국에서 널리 유행한 시기는 동인도 회사의 해산 이후입니다. 이 회사는 인도양과 동아시아에서 향신료, 면직물 등을 전매하기 위해 1600년에 설립한 영국 칙허 회사로, 처음에는 무역에 치중했지만 17세기 후반부터는 정치와 전쟁에도 개입했어요. 그러던 차에 1857년 세포이의 항쟁 등 동인도 회사가 여러 가지로 문제를 일으키자 영국 정부는 회사의 독점을 문제 삼아 권한을 축소시켰어요. 1876년에는 회사를 해산시켜버렸고요.

이후 영국은 인도인에 의한 직접 통치를 허용했어요. 이를 계기로 영국 내에 힌디어는 물론 인도 패션과 예술까지 유행하게 되었지요. 이런 분위기 속에서 한 미용사가 샴푸 가게를 열었어요. 이때까지 샴푸는 고객의 머리를 물과 비누로 감겨주고 두피를 마사지해 주는 것을 가리키던 말이었지요. 당시 미용사들은 비누, 물, 소다를 이용해 자

◆◆◆
세포이의 항쟁은 1857~1859년 동인도 회사의 용병인 인도 병사 세포이들이 영국의 차별에 맞서 일으킨 대표적인 반영 투쟁이에요.

기만의 방식으로 머리 감는 용도의 세제를 만들어 썼답니다. 대표 제조법은 비누를 물에 넣고 끓인 다음 향초를 넣어 머릿결을 빛나고 향기롭게 만드는 것이었어요. 1890년대에 독일이 처음으로 기술적인 샴푸를 만들었고, 1930년대에 이르러서야 대량 생산하기 시작했다고 하네요.

+1분 세계사

프랑스인들 중에는 인도에서 온 파자마를
입지 않는 사람들도 있었다?

샴푸처럼 힌디어에서 온 단어 중 우리에게 널리 알려진 것으로는 파자마pajamas가 있어요. 파자마는 '다리'를 의미하는 파에pae와 '옷'을 의미하는 자마jama를 합쳐 만든 말입니다.

파자마는 원래 인도 사람들이 입는 통이 넓은 바지였어요. 다리를 덮는 이 잠옷은 곧 영국인들의 관심을 끌었고 그들의 여행용 가방에도 들어가게 되었어요. 이 의상은 프랑스로도 유입됐지만 정착하는 데는 시간이 필요했지요. 늘 그렇듯이, 세상에는 서로 의견이 다른 사람들이 있으니까요. 전통을 고집하는 사람들은 지금까지 잘 입어 온 프랑스식 가운을 왜 파자마로 바꾸어야 하는지 이해하기 어려웠을 겁니다. 당시엔 부드럽고 널찍한 프랑스식 가운에 비해 파자마는 다리를 움직일 때에 많이 불편했을 거예요. 반대로 어떤 사람들은 바람이 차단되고 저녁에도 우아함을 지킬 수 있다는 이유로 이 의상을 좋아했을 겁니다. 이들 덕분에 파자마는 서서히 전통 잠옷을 대체하기 시작했어요. 1930년대부터 프랑스 여성들도 남성들에 이어 이 잠옷을 입기 시작했다고 합니다.

오늘 밤 파자마를 입고 잠자리에 들 때 이 내용을 한번 떠올려 보는 것은 어떨까요? 그러면 평소와는 다른 느낌이 들지 않을까요?

영국 왕들이 사랑한 운동 골프는
원래 양치기의 심심풀이였다?

golf
골프

현대에서 골프는 웬만한 경제력으로 하기 어려운 운동입니다.
하지만 그 시작은 스코틀랜드 양치기가 심심풀이 삼아
지팡이로 자갈을 쳤던 것이었지요.

오늘날 한국에서 가장 고급스러운 운동으로 골프golf가 꼽혀요. 장비, 의상, 교습 비용뿐만 아니라 골프장 이용료도 비싸지요. 좋은 말로 해서 '고급스러운' 운동이지, 솔직히 웬만한 경제력으로는 흉내를 내기도 어려운 '사치스러운' 운동입니다.

한국의 골프장은 대개 야산을 갈아엎고 만듭니다. 수많은 나무를 잘라 내고요. 그 자리에 잔디를 심고 제초제를 계속 뿌립니다. 비가 오면 제초제는 논과 밭으로 흘러 들어가고, 곡식을 오염시키지요. 이렇게 일부 부유층의 운동이 자연과 식생활을 위협한다면 이것은 스포츠 정신에 크게 벗어나는 일이에요.

골프는 본래 잔디가 저절로 나는 곳에서 하는 운동이에요. 1892년 W.G. 심슨은《골프 예술》에서 골프의 기원을 간단히 설명해요. 그에 따르면 스코틀랜드 파이프셔에 있는 목장에서 한 양치기가 심심풀이 삼아 지팡이로 자갈을 쳐서 날려 보다가 재미를 붙여 자갈이 토끼 굴에 들어갈 때까지 계속했다고 해요. 그를 지켜보던 다른 양치기가 그에게 도전하면서 골프가 시작되었다고 하는군요.

오늘날의 골프 경기는 14세기에 출현했다는 것이 통설입니다. 골프는 여러 왕족과 귀족들 사이에서 발전했지요. 골프를 좋아하기로 소문난 사람들로는 17세기 영국 왕 찰스 1세와 제임스 2세가 꼽혀요. 스코틀랜드의 메리 여왕은 첫 여성 골퍼로 알려져 있습니다. 그녀는 남편이 살해된 며칠 후에도 골프를 쳤다고 하니 열정이 얼마나 대단했는지 충분히 짐작할 수 있지요.

18세기 영국에는 최초의 골프 클럽이 생겨났어요. 이들은 공공장소

를 골프장으로 사용했고 라운드 전이나 후에 술집에 모여 가볍게 한
잔하는 사교 모임이었지요. 이러한 분위기가 퍼져 골프는 영국인들의
서민 운동으로 서서히 자리 잡아 갔어요.

 골프가 미국으로 들어온 시기는 생각보다 늦은 1888년입니다. 미
국에서 처음으로 골프를 친 것도 스코틀랜드 사람들이었지요. 이렇게
보면 골프와 스코틀랜드는 정말 떼려야 뗄 수 없는 관계인 것 같아요.
주인공은 존 레이드와 그의 친구들이었는데, 이들은 뉴욕 주 용커스
에 첫 골프장을 만들었다고 하네요.

 골프의 어원은 분명치 않아요. 15세기 막대기를 뜻하는 중세 네덜란
드어 콜프colf에서 나온 스코틀랜드어 구프gouf라고만 전해지죠.

 여러분, 고개를 들고 주변을 한번 보세요. 자생하지 않는 잔디를 일
부러 심고 '잔디를 밟지 맙시다.' '잔디밭에 들어가지 맙시다.'라는 팻
말을 붙이는 한국에는 어쩌면 골프가 태생적으로 어울리지 않는 운동

일지 몰라요. 골프의 본고장이라고 알려진 스코틀랜드, 오스트레일리아, 뉴질랜드 모두 넓은 잔디밭을 자랑하는 곳이죠.

오늘날 한국의 골프장을 보면 또 한 가지 씁쓸한 점이 있습니다. 15세기 스코틀랜드 사람들은 골프를 통해 '배려' '자제' '주의'와 같은 덕목을 강조했다고 해요. 우리나라에서는 찾아볼 수 없는 일이지요.

+1분 세계사

운동을 위한 길을 쇼핑몰이 차지하게 된 이유는?

백화점과 쇼핑몰shopping mall, 둘 다 여러 상점들이 모여 있는 곳이에요. 이 두 곳에는 세심하게 관찰해야 보이는 형태의 차이점이 있어요. 오래된 백화점일수록 형태가 정사각형이라면 쇼핑몰은 긴 직사각형에 가깝지요.

아무리 눈치가 빠른 사람이라 하더라도 '쇼핑몰'이라는 단어가 '운동'에서 비롯되었다는 사실까지 눈치채기는 어려울 거예요. 쇼핑몰에서 몰mall은 펠-멜pall-mall의 줄임말이에요. 펠-멜은 16세기부터 이탈리아와 프랑스에서, 17세기부터는 영국에서 유행한 운동이에요. 이탈리아어로는 팔라마글리오pallamaglio라고 했는데, 여기서 팔라palla는 '공'을 의미하고 마글리오maglio는 '망치'를 의미하죠. 이 단어를 프랑스어는 팔르마이pallemaille라는 형태로, 영어는 지금처럼 펠-멜이라는 형태로 받아들였어요.

펠-멜은 망치로 지름 4inch 정도의 작은 나무 공을 쳐서 골목길 끝에 세워 놓은 철제 고리 안에 통과시키는 운동이에요. 가장 적은 타수로 공을 고리 안에 넣는 사람이 우승하지요. 이 운동의 성공률을 높이기 위해서 사람들은 긴 길에 나무를 심어 일종의 골목길을 만들고 이것을 몰mall이라 불렀어요.

한때 크게 유행했던 펠-멜은 시간이 흐르면서 시들해졌고, 운동을 위해 만든 골목길은 인도나 차도로 변했지요. 런던 제임스 파크에는 '드 몰'이라는 거리 이름이 여전히 남아 있답니다.

20세기 중반, 도심에서는 다양한 가게들이 줄지어 있는 쇼핑가를, 교외에서는 가게, 사무실, 식당 등이 몰려 있는 빌딩이나 빌딩가를 몰이라고 지칭하기 시작했어요. 이러한 유행이 한국에까지 들어와 '동대문 쇼핑몰'이니 '파주 쇼핑몰'이니 하게 된 것이에요.

최근에는 사이버 쇼핑몰도 많이 생겼어요. 여러 장점이 있기는 하지만 왠지 인간이 현실 공간에서 점점 멀어지고 가상 공간으로만 깊이 들어가는 것 같아 안타깝기도 합니다. 앞으로는 친구, 연인, 부모, 자식이 손을 잡거나 팔짱을 끼고서 이 상점 저 상점을 기웃거리며 산책하거나 상점 주인과 가격을 흥정하는 낭만은 없을 테니까요.

19세기 유럽에서는 마차가
이동 병원의 역할을 했다?

ambulance
구급차

19세기 크림 전쟁 중에는
부상자들을 좀 더 신속하게 치료하기 위해
각종 응급 처치 용품을 갖추고 돌아다니는 마차가 있었어요.
이들을 두고 사람들은 프랑스어로 오피탈 앙빌랑 hôpital ambulant,
움직이는 병원이라고 불렀지요.

우리는 종종 "삐용삐용"하며 지나가는 구급차ambulance 소리를 듣습니다. 그 소리를 들으면 여러 가지 생각이 나지요. '누가 또 다쳤구나.' '괜찮아야 할 텐데.' '저 사람은 살 수 있을까?' 그러다 보면 구급차는 어느새 멀어지고 소리도 아련해집니다.

구급차를 영어로는 앰뷸런스ambulance라고 합니다. 어원은 라틴어 암블라레ambulare예요. '걷다'라는 뜻이죠. 현재 분사형은 암블란스ambulans입니다. 현재 분사니까 '걷는' 또는 '돌아다니는' 정도가 되겠지요. 암블란스가 수식하는 명사는 무엇이었을까요? 그것은 '병원'이라는 의미의 하스피탈hospital이었습니다. 이 둘을 합하면 '움직이는 병원' 정도가 되지요. 이처럼 앰뷸런스는 '병원'을 수식하는 현재 분사였다가 지금은 명사처럼 쓰이는 단어입니다.

앰뷸런스는 본래 야전 병원을 지칭했습니다. 야전 병원이란 전쟁 시 적절한 장소에 일시적으로 설치한 병원을 말하지요. 이 단어가 '현장의 부상자를 옮기는 운송 수단'이라는 의미로 바뀐 것은 크림 전쟁 때예요. 나폴레옹 전쟁 이후 유럽 국가들끼리 처음 벌인 이 전쟁으로 수많은 사상자들이 생겼어요. 사람들은 좀 더 빠른 시간 내에 부상자들을 치료하기 위해 덮개가 있는 부상자용 들것, 손쉽게 들고 다닐 수 있는 등불, 반창고와 지혈대를 포함한 응급 처치 용품 등을 고안했죠. 이러한 물건들을 갖추고 여기저기를 돌아다니면서 부상자를 치료하는 마차를 보고 사람들은 프랑스어로 오피탈 앙뷜랑hôpital ambulant, 즉 '움직이는 병원'이라고 불렀습니다. 이전에 비해 빠른 속도로 이동했기 때문에 앙뷜랑스 볼랑트ambulances volantes, 즉 '날아다니는 구급차'라고

❖❖❖
크림 전쟁은 1853년부터 1856년 사이에 러시아와 연합군(오스만 투르크, 영국, 프랑스, 프로이센, 사르데
냐)이 크림 반도와 흑해를 둘러싸고 벌인 전쟁이에요.

도 불렀다고 해요.

　이 '날아다니는 구급차'는 프랑스 외과 의사 D-J.라레가 고안한 것입니다. 두 마리의 말이 끄는 마차인데, 뒤쪽에는 부상자를 태우고 이동할 수 있는 침대 장치가 있었어요. 기본 구조는 오늘날 구급차와 비슷해요. 한 가지 차이점은 차가 아니라 말이 끌었다는 것이지요. 이러한 구급차 덕분에 많은 생명을 구할 수 있었기에 사람들은 라레를 '병사들의 구세주'라고 불렀답니다. 이 전쟁에 함께 참전했던 영국군이 프랑스군의 이 마차를 도입하면서 앰뷸런스라고 부른 것이 오늘날까지 전해졌지요.

　크림 전쟁과 관련해 빼놓을 수 없는 또 하나의 인물은 플로렌스 나이팅게일입니다. 런던 여성 병원의 간호부장으로서, 크림 전쟁이 일어나자 전장에 설치된 야전 병원에서 초인적인 구호 활동을 했지요. '나이팅게일' 하면 부상자를 정성껏 돌보는 간호사의 모습만 연상하지만, 당시의 그녀는 유능한 행정가요, 협상가였어요. 관료주의에 물든 고위 군인들을 설득했고 병원에서 사용하는 물품들을 세심하게 조사했으며 질서가 없던 병원에 규율을 세웠지요. '백의의 천사'라고만 부르기 아까울 정도로 그녀는 굉장히 강인한 여자였답니다.

병원과 클리닉은 어떤 차이가 있을까?

병원과 비슷한 의미로 클리닉clinic이라는 단어가 있어요. 한국에서는 피부 클리닉, 수면 클리닉, 비만 클리닉, 부부 클리닉 등 특정 질병을 전문적으로 다루는 곳을 가리킬 때 많이 사용하지요.

클리닉의 어원은 그리스어 클리네kline로 '침대들'이라는 의미였어요. 여기서 나온 클리니코스klinikos가 라틴어에서는 '병으로 침대에 누워 있어야 하는 사람'을 가리키는 클리니쿠스clinicus가 되고, 17세기에는 영어로 들어가 클리닉이 되었죠. 이후 클리닉은 환자뿐만 아니라 침대에 누워 있는 사람을 돌보기 위해 왕진하는 의사도 가리켰어요. 의사들이 모여 함께 일하는 장소까지 클리닉이라고 불렀죠. '암 클리닉'처럼 특정 질병을 전문으로 치료하는 장소를 지칭하게 된 것은 19세기 후반이에요.

군인들의 멋진 스타일을 위해
사비를 턴 귀족이 있었다?

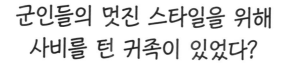

cardigan
카디건

영국의 카디건 백작은 자신의 부대를 멋있게 보이려고
개인 재산을 털어 군인 모두에게 카디건을 입혔어요.
하지만 허영만 앞세운 나머지
크림 전쟁의 발라클라바 전투에서 패배하고 말았답니다.
역사상 가장 졸렬한 전투로 기록될 정도로 말이죠.

날이 좀 쌀쌀해지면 우리는 대개 털실로 짠 스웨터를 꺼내 입어요. 스웨터 중에서 앞자락이 트여 있어 단추로 채우는 것을 카디건 cardigan이라고 하지요. 앞에서 설명했던 실루엣과 단두대처럼 이 옷을 즐겨 입은 영국의 카디건 백작Earl of Cardigan의 이름에서 유래했어요.

카디건 백작의 본명은 제임스 토머스 브루드넬이에요. 그는 1797년 카디건 백작 6세의 독자로 태어나 1836년 아버지가 죽자 그 뒤를 이어 카디건 7세가 되었지요. 카디건 7세는 귀족이면서 동시에 군인이었어요. 평판은 그다지 좋지 못했던 것 같아요. 허영심이 많고 생활이 방탕하여 주위 사람이나 부하들과 자주 마찰을 일으켰대요.

하지만 모두가 인정하길, 그는 옷을 참 잘 입었다고 해요. 그래서인지 1만 파운드라는 거액의 개인 재산을 들여 자신이 거느리는 경기병(민첩하게 활동할 수 있도록 가볍게 무장한 군인)부대를 멋있게 보이도록 치장시키기도 했어요. 자신이 고안한 단추가 달린 니트 조끼까지 입혀서요.

멋만 부리고 허영심이 많으면 군인으로는 성공하기가 어렵겠죠? 실제로 그는 군인으로서 업적을 세우진 못했어요. 크림 전쟁 동안 벌어진 발라클라바 전투에서 러시아 군대를 무모하게 공격하다가 많은 병사들만 희생시켰지요. 이 전투는 '영국군 역사상 가장 졸렬한 전투'로 기록되었을 정도랍니다. 한편으론 19세기 영국 시인 알프레드 테니슨이 용감한 사람을 떠받들던 영국인의 낭만주의적 상상력을 자극하기 위해 이 실패한 전투를 아래와 같이 미화해 표현했지요.

❖❖❖
카디건 7세는 군인으로 업적을 세우지는 못했지만 오늘날까지 우리가 즐겨 입는 카디건을 고안했어요.

그들은 대답도 못 하고 이유도 모르는 채 그저 명령을 따르고 죽었다. 죽음의 계곡 속으로 600기의 기병은 달렸다. 카디건 스웨터를 입고서……

카디건 백작이 영국으로 돌아온 후, 그의 카디건은 곧 유행이 되었어요. 이 패션은 프랑스에도 영향을 끼쳤지요. 특히 프랑스 여인들 사이에서 크게 유행하면서 1928년 프랑스어에 단어가 차용되었습니다.

서양 사람들은 원래
점심을 먹지 않았다?

lunch
점심

본래 앵글로·색슨계 사람들은 하루에 아침과 저녁, 두 끼만 먹었다고 해요.
점심 식사 습관은 산업 혁명 이후 노동 시간이 오전 9시에서 오후 1시까지,
오후 2시에서 오후 6시까지로 정해지면서 정착했답니다.

원시 시대 사람들은 하루에 몇 끼를 먹었을까요? 한 끼? 두 끼? 세 끼? 놀랍게도 모두 정답이 아닙니다. 정답은 '시도 때도 없이 먹었다.'예요. 당시에는 음식을 구하기가 힘들어 언제 다시 배를 채울 수 있을지 몰랐기 때문에 자주 먹었지요. 지금처럼 사람들이 규칙적으로 식사하기 시작했다는 점은 인류사의 큰 발전이라고 할 수 있어요.

본래 앵글로·색슨계 사람들은 하루에 아침과 저녁, 두 끼만 먹었다고 해요. 16세기에 아침은 아주 간단한 식사였지요. 이러한 사실은 '아침'을 의미하는 영어 단어 블랙퍼스트breakfast에서도 엿볼 수 있습니다. 이 단어는 '그치다'라는 의미의 브레이크break와 '단식'이라는 의미의 패스트fast를 합쳐 만든 것으로, 글자 그대로 '단식을 그치다.'라고 해석하지요. 이는 전날 저녁부터 아무것도 먹지 못하다가 아침에 뭔가를 조금 먹음으로써 단식 상태를 멈춘다는 의미로 해석할 수 있어요.

'아침 식사'를 의미하는 프랑스어 프티 데쥬네petit-déjeuner도 마찬가지예요. 여기서 데dé-는 부정을 나타내는 접두사이고 죄네jeûner는 '단식하다'라는 뜻이니까 이 둘을 붙이면 '단식을 멈추다.'라는 의미가 되어요. '작은'이라는 의미의 형용사 프티petit가 그 앞에 붙어 '아침에 뭔가를 조금 먹어서 단식 상태를 멈추다.'라는 뜻의 프랑스어가 된 것이지요. 원시 시대와 그 이후에도 저녁은 일찍 먹었어요. 당시에는 전기나 호롱불 같은 조명이 없어 날이 어두워지면 식사를 제대로 할 수 없었기 때문이지요.

점심lunch은 어떻게 해서 생긴 걸까요? 점심은 아침 먹는 시간이 빨라지고 저녁을 좀 더 늦게 먹게 되면서 생겨난 공백을 메우기 위해 생겼어요. 인류의 긴 역사에서 점심을 먹는 것은 비교적 최근에 생겨난 일입니다. 1755년 새뮤얼 존슨 박사는 자신이 쓴 《영어 사전》에서 점심을 "사람이 손으로 잡을 수 있는 정도의 음식"*이라고 정의했습니다. 처음에 점심은 런치가 아니라 런천luncheon이라 했는데, 19세기에 지금처럼 런치로 줄여 쓰게 되었어요.

아침, 점심, 저녁, 세 끼의 전통은 19세기 말에 이르러서야 비로소 정착되었다고 합니다. 여기에는 산업 혁명이 큰 역할을 했지요. 산업 혁명은 18세기 중엽 영국에서 일어난 기술 혁신으로 시작된 사회 및 경제 구조의 변혁을 의미하지요. 여기서 말하는 기술 혁신이란 사람이나 짐승이 하던 일을 기계가 대신하면서 대량 생산이 가능해진 것을 말합니다. 기계는 사람이나 짐승과는 달리 피로나 허기를 모르지요. 당시 공장주나 기업주는 이 점을 최대한 활용하려 했어요. 이러한 과정에서 노동 시간이 오전 9시에서 오후 1시까지, 오후 2시에서 오후 6시까지로 정해지고, 이 시간에 맞추어 세 끼 식사 습관이 정착하게 되었답니다.

우리 선조들의 식사 습관은 어땠을까요? 우리 선조들도 본래 하루에 두 끼를 먹었어요. 이러한 식사 습관은 '아침'과 '저녁'을 뜻하는 조석朝夕이라는 말에서도 엿볼 수 있지요. '점심點心'이라는 말이 쓰이기 시작한 것은 조선 초기부터인데, 글자 그대로 '배속에 점 하나 찍을 정

---

* R. & L. Brasch, 《How did it begin?》, Mif 2006, p. 77

영국인 제임스 와트가 증기 기관 개량에 성공하면서 영국은 산업 혁명을 가장 먼저 시작하게 되었어요.

도로 간단하게 먹는 음식'이라는 뜻이었어요. 19세기 중엽 이규경이 쓴 《오주연문장전산고》를 보면, 낮이 길고 일을 많이 하는 음력 2월부터 8월까지는 하루 세 끼를, 낮이 짧고 일이 별로 없는 9월부터 2월까지는 하루 두 끼를 먹었다고 하네요.

8.
미국의 부상으로 시작된
현대 세계

감자튀김_French fry

데드라인_deadline

여권_passport

트로피_trophy

지프_jeep

빨치산_partisan

비키니_bikini

데탕트_détente

카리스마_charisma

스카치테이프_Scotch tape

뷔페_buffet

청바지_jeans

미국 맥도날드 감자튀김의 시작은 프랑스다?

French fry
감자튀김

제3대 미국 대통령이었던 토머스 제퍼슨이
프랑스 대사 시절 먹었던 감자튀김을 손님들에게 대접하면서
감자튀김은 미국에도 전해졌어요.
그 후 미국의 막강한 경제력을 바탕으로
전 세계로 퍼져나갔지요.

햄버거hamburger는 청소년들이 좋아하는 음식 중 하나이지요. 어른들도 햄버거를 좋아해요. 다만 청소년들이 자주 먹으면 건강에 좋지 않으니 자녀들 앞에서는 내색을 하지 않을 뿐이지요.

흔히 '햄버거'를 '햄'과 '버거'의 합성어로 알고 있는데 이것은 사실과 다르답니다. 햄버거는 독일의 함부르크Hamburg라는 도시 이름에서 유래한 말이에요. 이곳 사람들은 쇠고기를 갈아 뭉쳐서 익혀 먹는, 이른바 '함부르크 스테이크Hamburg steak'를 즐겨 먹었어요. 1850년대 독일인들이 미국으로 이주하면서 이 음식이 알려졌고, 얼마 뒤 미국의 대표 음식으로 자리 잡은 것이지요. 이 과정에서 함부르크 스테이크라는 명칭은 햄버그 스테이크hamburg steak로 변했고, 다시 햄버거로 줄어들었어요. 왜 햄버거에 '햄'이 없는지 이해했나요?

한편 햄버거와 단짝을 이루는 것이 있지요. 바로 감자튀김이에요. 외국에서는 '포테이토칩스potato chips'나 '프렌치프라이즈French fries'라고 하지요. 프렌치 프라이즈라는 명칭은 미국 정치인 토머스 제퍼슨과 관련이 있어요. 토머스 제퍼슨은 미국 '독립 선언문'을 작성한 사람으로, 1800년에 제3대 미국 대통령에 당선되고 1804년에 재선된 인물로도 알려져 있지요.

1785년부터 1789년까지 그가 프랑스 주재 미국 대사였다는 사실은 잘 알려져 있지 않아요. 그는 대사 시절에 프랑스 감자튀김을 접했다고 합니다. 음식을 중요하게 여기기로 유명한 프랑스인들은 고기나 채소를 아주 얇게 썰어 요리했는데, 감자도 예외가 아니었지요. 가늘게 썬 감자를 기름에 튀긴 요리는 특유의 바삭바삭한 맛으로 미국인

◆◆◆
토머스 제퍼슨은 미국 독립 선언문을 작성하고
미국 대통령으로 재임하기도 한 인물입니다.

대사의 미각을 사로잡았어요.

　그는 1789년 귀국할 때 이 요리법을 가져와 몬티셀로에 있는 자신
의 대농장을 찾아오는 손님들에게 프랑스에서 반한 감자튀김을 대접
했다고 해요. 처음 먹어 본 사람들이 무슨 요리냐고 물어보는 질문에
토머스 제퍼슨은 '프렌치프라이드 포테이토스French fried potatoes'라고
대답했지요. 말 그대로 프랑스식 감자튀김이라고요. 이렇게 해서 감자
튀김 앞에 '프렌치French'가 붙은 것이죠.

　이 음식이 다른 지역에서도 널리 유행하자 사람들은 '프렌치 프라
이드스French fries'라고 줄여 불렀어요. 프렌치프라이즈로 부르기 시작
한 것은 1930년대 초반으로 알려져 있는데, 아마 그게 발음상 더 편해
서였던 것 같아요.

　프랑스에 감자가 유입된 것은 언제부터일까요? 감자는 본래 남아메

리카 식물이었어요. 16세기 말에 에스파냐, 오스트리아, 독일을 거쳐 18세기 중엽에는 프랑스에까지 들어온 것이지요. 프랑스의 박애주의 농학자 앙투안 파르망티에는 이 새로운 식재료의 영양상 장점을 확인하고 재배를 적극 장려했어요. 덕분에 많은 사람을 기아로부터 구할 수 있었다고 해요.

남아메리카에서 들어온 감자가 프랑스 요리사의 손에서 감자튀김으로 만들어지고, 미국으로 건너가 막강한 경제력을 배경으로 전 세계에 퍼졌다는 것을 생각하면, 지금 먹는 감자튀김이 색다르게 보이지 않나요?

+1분 세계사

마요네즈는 지중해의 항구 이름에서 유래된 단어이다?

벨기에, 네덜란드에서는 감자튀김을 마요네즈mayonnaise에 찍어 먹기도 합니다. 마요네즈에 들어 있는 기름과 식초 성분이 다른 음식을 담백하게 느껴지도록 만들기 때문이라네요.

마요네즈는 마온Mahon이라는 항구 이름에서 유래했어요. 1756년 프랑스군은 지중해 마온 항구가 있는 메노르카 섬에서 영국군을 격퇴했어요. 이 승리를 이끈 A.히슐리외 공작은 본래 미식가이지만 전쟁 통에 제대로 먹지 못해 매우 허기진 상태였어요. 히슐리외 공작은 앞에서 나이프와 살롱 관련해서도 여러 번 등장했던 인물이지요? 이런 사령관을 만족시키기 위해 요리사들은 가까운 민가의 주방에서 찾을 수 있는 모든 재료를 큰 사발에 담아 왔어요. 그러고는 달걀, 오일, 식초 등을 버무려 소스를 만들었다고 해요. 이를 먹은 히슐리외는 그 요리에 크게 만족했고요.

이 이야기를 전해 들은 파리의 한 프랑스 주방장은 새로운 소스를 개발한 다음, 그것을 '소스마요네즈sauce mayonnaise', 즉 '마온 식소스'라고 소개했지요. 1806년에 생긴 이 소스 이름이 1815년에 영어로 들어가 오늘날 '마요네즈'라고 불리고 있어요.

남북전쟁 때는 데드라인을 넘으면
정말 죽었다?

deadline
데드라인

데드라인은 미국의 남북전쟁 때 실제로 존재했던 선이에요.
남부 연방 정부는 전쟁 포로들을 수용소에 가두고 그 주위를
울타리로 둘러쌌답니다. 포로들이 이 울타리를 넘으면
누구든 즉석에서 사살했지요.
그래서 사람들은 이 선을 '데드라인'이라고 불렀어요.

데드라인deadline은 주로 기자나 작가들이 마감 기한을 지칭할 때 쓰는 용어입니다. 기자들은 마감 시간이 지나기 전에 자신이 맡은 기사를 끝내야 하므로 1분 1초를 다투는 경우가 많아요. 그 밖에 기자나 작가 또는 프리랜서들도 자신이 약속한 시간을 넘기지 않으려고 애를 쓰지요. 마치 약속한 시간이라는 선(line)을 넘기면 죽기라도(dead) 하는 것처럼 말이에요. 이렇게 마음이 바쁜 기자들이 데드라인을 은어로 사용하기 시작한 것은 1920년부터라고 해요.

흔히 데드라인을 비유적인 표현으로 알지만, 이것은 미국의 시민전쟁 때 실제로 존재했던 선이에요. 이 전쟁은 노예제가 주요 원인이 되어 1861년부터 1865년까지 4년 동안 벌인 내전이죠. 남부 주들이 연합을 결성해 미합중국으로부터 분리를 선언하고 사우스 캐롤라이나 주 찰스턴 항구의 요새를 포격하면서 시작되었습니다. 한국에서는 미국의 남북 전쟁으로 더 잘 알려져 있지요. 결국은 북부 연합군이 승리하고 미국 전역에서 노예제를 폐지했으니 참으로 의미 있는 내전이었다고 할 수 있어요.

1864년 전쟁이 진행되던 중 남부의 연방 정부는 많은 포로를 수감하기 위해 미국 남동부 조지아 주 앤더슨빌에 포로수용소를 만들었어요. 1864년 2월 말에 첫 포로가 들어온 뒤 몇 달간 매일 400명 이상의 포로를 받았지요. 애초에 1만 명을 수용하도록 설계된 이곳은 6월 말경 2만 6000명을 수용했어요. 8월에는 3만 3000명으로 늘어났고요. 연방 정부는 이들에게 음식, 의복, 약품을 충분히 제공할 수 없었어요. 남부의 경제 사정이 좋지 않은 데다 북부로 포로들을 이송하는 것마

❖❖❖
남북 전쟁 때 있었던 가장 큰 남부군 포로 교도소. 오늘날까지도 전쟁을 잊지 않기 위해 박물관, 국립묘지 등의 형태로 유지되고 있어요.

저 여의치 않았기 때문이죠.

많은 포로는 기아, 질병, 영양 부족, 등으로 죽어 나갔어요. 수용소가 존속된 14개월 동안 약 4만 5000명을 수감했는데, 이 중 1만 3000명이 죽었다니 그 참혹함을 충분히 짐작할 수 있지요. 당시 한 증언자는 "내가 태어난 이후 그런 비참함은 본 적이 없다."라고 말했다고 합니다.

이런 환경 때문에 많은 사람들이 탈출을 시도했어요. 수용소 측은 높은 방책으로 주변을 둘러싸고 '비둘기 둥지'라고 불리는 초소들을 길게 그리고 높이 설치해 포로들을 감시했지요. 포로들의 탈출을 확실히 막기 위해 또 하나의 장치를 마련했는데, 그것은 방책의 약 6m 안쪽으로 방책과 평행하게 나무 말뚝으로 가로장 울타리를 치는 것이었어요. 이를 넘는 사람은 누구든 그 자리에서 사살했지요. 그래서 사람들은 이 선을 '죽음의 선', 즉 '데드라인deadline'이라고 불렀답니다.

데드라인과 비슷한 의미를 지닌 단어로 마지노선Maginot Line이 있어요. 제1차 세계 대전 후 프랑스가 독일군의 공격을 저지하기 위해 양국 국경에 구축한 대규모의 방어선으로, 당시 프랑스 육군 장관이었던 앙드레 마지노André Maginot의 이름을 따서 붙인 겁니다.

중세 기사들은 사실 신사적이지 않았다?

기자나 작가 중에는 프리랜서freelancer가 적지 않아요. 프리랜서는 어느 특정 회사에 소속되지 않은 작가, 예술가, 또는 다른 기능 보유자를 말하지요.

본래 프리랜서는 중세 때 프리랜스freelance의 형태로, 자원 전사, 용병을 의미했어요. 그들은 어느 왕이나 영주에게서 자유(free)로웠고, 보상만 받는다면 누구를 위해서도 창(lance)을 들었어요. 그들의 관심은 명분이 아니라 보상이었어요. 중세 기사들은 우리가 생각하는 만큼 신사적이지 않답니다. 온갖 트집을 잡아 사람들을 괴롭히고 권력을 마음대로 휘두르는 경우가 많았지요.

이 용어는 월터 스콧이 1819년 자신의 소설 《아이반호》에서 처음 사용했는데, 당시에는 두 단어를 띄어 프리 랜스free lance라고 썼지요. 시간이 흐르면서 한 단어로 되었어요. 19세기 말부터 '스스로 고용된 사람'이라는 오늘날과 같은 의미로 쓰이기 시작했지요.

여권에는 언제부터
사진이 들어가게 되었을까?

passport
여권

유럽의 인접한 나라에 사는 사람들은
우리가 보기에 서로서로 비슷하게 생겼지요?
이들이 제1차 세계 대전 중에 서로 싸우면서
적군과 아군의 모습을 구분할 수 있는 증명서가 필요해졌어요.
그래서 사진과 영어 번역을 첨부한 여권이 탄생하게 된 것이지요.

요즈음 많은 사람들이 해외여행을 자주 합니다. 이때 반드시 필요한 것 중 하나가 여권passport이지요. 旅(나그네 여)와 券(책 권)의 합성어이니, 여권은 '여행자가 가지고 다녀야 하는 문서' 정도가 될 것 같습니다.

여행자가 자신의 신분을 증명할 것을 가지고 다녀야 하는 관습은 오래되었어요. 역사가들에 따르면, 고대 이집트의 파라오들은 자신의 이름을 상형 문자로 새긴 둥근 형태의 물건을 사신들에게 주어 여행을 안전하게 할 수 있도록 했대요. 기원전 2세기경에는 왕을 대신해서 오가는 신하들에게 일종의 '신임장'을 주었고요. 신임장은 "내가 신임하는 이 사람에게 편의를 제공해 달라."라고 부탁하는 편지였지요.

옛날 사신들은 주로 어떤 교통수단을 사용했을까요? 두 나라가 육지로 이어져 있으면 당연히 말을 탔겠지요. 그렇지 않으면 배를 탔을 겁니다. 배는 비행기가 출현하기 전까지 인간의 가장 중요한 이동 수단이었습니다.

이러한 사실은 어원에도 나타나요. 여권은 '지나가다'라는 의미를 가진 고대 프랑스어 동사 파세passer의 명령형 파스passe와 '항구'라는 의미를 가진 명사 포르port를 합성해서 만든 말입니다. '항구를 지나가라.'라는 의미이지요. 이 단어는 15세기에 중세 프랑스어로 들어가서 '한 국가로 들어가거나 나오기 위해서 항구를 지나갈 수 있도록 부여한 권한'이라는 의미의 파스포르passeport가 됩니다.

사실 근대에는 사람들이 외국을 여행하는 데 여권이 꼭 필요하지 않았어요. 기껏해야 사람의 신원이나 국적을 파악하는 데 도움이 되

✧✧✧
제1차 세계 대전 이후 만들어진 국제 연맹은 국제 분쟁을 평화적으로 해결하기 위한 최초의 국제 기구였어요.

었을 뿐이지요. 그런데 1914년 제1차 세계 대전이 일어나면서 모든 것이 바뀌게 됩니다. 알다시피 제1차 세계 대전은 영국, 프랑스, 독일, 오스트리아, 헝가리, 러시아, 이탈리아 등 유럽의 강대국들이 뒤엉켜 싸운 전대미문의 전쟁이었지요. 이런 와중에 적군과 아군의 모습이 비슷해서 제대로 구별할 수 없자 증명서가 필요해졌어요. 그래서 사진도 붙이고 영어 번역도 첨부한 여권이 생겼지요. 몇 세기 동안 얇은 종이 한 장에 불과했던 여권이 사람들의 필수품이 된 거예요. 1921년 국제 연맹은 동일한 형태의 여권을 제안했고, 그 결과 오늘날처럼 32장의 수첩이 된 것입니다.

여권과 한 쌍을 이루는 것은 비자visa입니다. 비자의 어원은 '보다'라는 의미의 라틴어 동사 비데레videre입니다. 비자는 이 동사의 과거 분사로, 영어의 과거 분사 seen에 해당하지요. 본래는 카르타 비자charta visa라고 했는데, 여기서 카르타charta는 '종이'라는 의미니, 카르타 비자는 '증명된 종이' 정도로 해석할 수 있어요. 이 단어가 카르타를 생략하고 비자라는 형태로 프랑스어에 들어갔고, 1831년 '여권 위의 공식 서명'이라는 의미로 사용되기 시작했지요. 위의 내용을 종합하면, 비자는 '이 사람은 이미 우리에게 보인(증명된) 사람이니 안심하고 받아주세요.' 정도의 의미로 해석하면 될 것 같습니다.

세상에서 가장 큰 트로피는
프랑스에 있다?

trophy
트로피

트로피의 어원은 '적을 패배시킨 기념물'을 뜻합니다.
어원대로 하면 1805년 아우스터리츠 전투 승리를 기념하기 위해
나폴레옹이 계획했던 프랑스 개선문도 거대한 트로피이지요.
높이 약 50m, 폭이 약 45m에 달하는 이 문이야말로
세계에서 가장 큰 트로피가 아닐까요?

운동 경기에서 우승한 사람에게는 트로피trophy를 줍니다. 1970~80년대만 해도 권투나 레슬링 경기 챔피언에게 혼자 들기 어려울 정도로 거대한 탑 모양 트로피를 주었어요. 요즈음은 크기가 줄었고 형태도 훨씬 다양해졌지만 우승자에게 트로피를 주는 전통은 그대로 이어지고 있지요. 테니스나 골프 경기를 관람하면 우승자가 은잔이나 쟁반 같은 트로피를 높이 들어 올리는 것을 볼 수 있습니다.

트로피의 역사는 얼마나 될까요? 적어도 고대 그리스 시대까지 거슬러 올라가요. 고대 그리스 사람들은 전쟁 기술과 전사의 용감함을 매우 중시했지요. 그들은 승리한 전장이나 적이 도망간 자리에 기념물을 세웠어요. 말뚝을 박은 다음 그 위에 적군이 남기고 간 창, 방패, 도끼, 투구, 깃발 같은 것들을 걸어 두는 형태로요. 해전에서 승리하면 파괴된 적선의 뱃머리를 인근 해변에 세웠다고 해요.

그리스인들은 이 기념물을 트로파이온tropaion이라고 불렀어요. '돌아가다'라는 의미의 동사 트로페trope에서 나온 트로파이오스tropaios에서 파생했지요. '적을 패배시킨 기념물'이라는 의미였어요. 15세기에 이 트로파이온에서 중세 프랑스어 트로페trophé가 생겼고, 16세기에 이 여기에서 영어 트로피trophy가 생긴 것이죠. 이때에는 승리를 입증할 수 있는 것이면 무엇이든 트로피가 될 수 있었어요.

고대 로마인도 이런 트로피 전통을 계승했어요. 자신들의 취향에 따라 약간 변화는 시켰지요. 그들은 트로피를 공공장소, 특히 수도에 세우기를 좋아했어요. 대표적인 예는 바로 콘스탄티누스 개선문이에요. 콘스탄티누스 1세가 312년 밀비우스 다리 전투에서 승리한 것을 기념하기 위해 원로원이 세워 준 문이죠. 이 전투는 로마의 기독교 공인과 제국 통일에 아주 결정적인 계기가 되었기 때문에 이렇게 대대적으로 기념한 것이랍니다.

파리의 개선문도 이러한 전통을 계승했어요. 이를 세운 주인공은 바로 나폴레옹이에요. 그는 1805년 아우스터리츠 전투 승리를 기념하기 위해 파리에 개선문을 만들라고 명령했죠. 높이가 50m에 달하는 이 거대한 문은 1806년에 착공해 1836년에 완공되었어요. 하지만 나폴레옹은 1821년에 사망하고 맙니다. 1840년에 그의 시신을 파리로 이장할 때가 되어서야 그는 이 개선문을 지나갈 수 있었죠.

이 문을 살아서 지나간 사람은 독일의 히틀러였습니다. 제2차 세계 대전 당시 전차를 타고 이 개선문 아래를 지나갔지요. 프랑스의 승리를 기념하기 위해 만든 개선문을 프랑스를 침공한 적장이 지나가는 역사적 아이러니였습니다.

이러한 개선문 전통은 다시 서울의 독립문으로 이어졌어요. 1890년대 독립 협회의 고문 서재필은 조선이 청나라의 책봉 체제에서 벗어난 것을 기념하기 위해 기존의 영은문을 헐고 그 자리에 독립문을 세워야 한다고 주장했어요. 이것이 받아들여져 서재필이 프랑스 파리의 개선문 사진을 보고 직접 제작한 모양으로 1896년 독립문 착공이 시작됩니다. 이듬해인 1897년에 완공되어 오늘날까지 이어지고 있지요. 한 가지 쓸쓸한 것은 로마나 파리의 개선문처럼 승리가 아니라, 자주 독립을 결의하기 위한 것이라는 사실이죠. 앞으로 이렇게 세우는 트로피는 없었으면 좋겠죠?

1939년 9월 1일 독일이 폴란드를 침공하면서 제2차 세계 대전이 발발해요.
독일, 이탈리아, 일본과
영국, 프랑스, 미국, 소련 등을 중심으로 한 연합국이 대치했지요.
1945년 8월 15일 일본이 항복할 때까지 벌어진 전 세계적 규모의 전쟁이었어요.

자동차 이름 '지프'는 원래
만화 속 동물 캐릭터가 내는 소리였다?

jeep
지프

20세기 초반, 〈포파이〉는 미국 군인들에게 인기 많은 영화였어요.
특히 그 속에 등장하는 '유진 더 지프'라는 작은 동물이 사랑받았지요.
그 인기가 너무 대단해 군인들이 주로 사용하던 GP라는 자동차를
유진이 내는 '지프'라는 소리로 바꿔 부를 정도였죠.

지프jeep는 옛날에 주로 군인들이 타고 다니던 다목적용 차를 가리켰어요. 요즈음엔 지프 형태의 일반 승용차도 많이 나오고 있지요. 흔히 이러한 승용차를 SUV라고도 하는데, 이것은 '스포츠형 다목적 차량sport utility vehicle'의 첫 글자를 따서 만든 말이에요.

제2차 세계 대전 중인 1940년 미군이 지프를 개발했어요. 전장에서 어떤 노면에서라도 달릴 수 있는 강력한 차가 필요했기 때문이지요. 완성된 자동차를 보고 사람들은 어떻게 불러야 할지 몰랐어요. 특별한 아이디어가 없자, 이 차가 여러 가지 목적으로 사용할 수 있는 차라는 점에 착안해, '일반적 용도general purpose'라고 부르다가 이것을 줄여 GP라 불렀다고 해요.

다음 해인 1941년에는 이 차에 대한 새로운 명칭이 만들어졌어요. GP에서 지프jeep라는 단어로 바뀐 것이죠. 어떻게 해서 철자 g가 j로 변한 것일까요? 단순한 철자상의 오류일까요? 물론 아니에요. 그것은 당시 최고의 만화 영화였던 〈포파이〉와 관련이 있어요.

〈포파이〉는 1930년 엘지 크리슬러 세가가 만든 희극 만화 영화예요. 등장인물은 모두 네 명이에요. 주인공인 포파이는 선원으로 팔뚝에 닻 모양의 문신이 있고, 시금치를 먹으면 힘이 세져요. 올리브는 포파이의 연인으로 허영심이 좀 많아요. 같은 선원인 부르터스는 포파이의 연적으로, 굉장히 덩치가 커요. 매번 올리브를 납치하지만, 시금치를 먹고 힘이 세진 포파이에게 늘 당하지요. 마지막으로 포파이의 친구 윔피는 굉장히 뚱뚱하고 햄버거를 너무 좋아해 '햄버거 대장'이라고도 불려요. 매회 조금씩 이야기는 다르지만 주로 부르터스에게서

♦♦♦
제2차 세계 대전 때 미군이 개발한 지프는
전쟁 중 많은 나라에서 사용했어요.

올리브를 구하려다 위기에 처한 포파이가 시금치를 먹고 다시 힘을
얻어 부르터스를 물리치고 올리브를 구출하는 권선징악형 만화 영화
랍니다.

작가인 세가는 1936년 3월 이 영화에 새로운 인물 '유진 더 지프
Eugene the Jeep'를 추가했어요. 만화 속에서 어느 날 갑자기 올리브는 '유
진 더 지프'라고 적힌 소포 하나를 받아요. 그 속에는 작고 귀여운 동
물 한 마리가 들어 있었어요. 유진 더 지프는 질문을 받으면 미래를 예
견하는 능력으로 위기에 처한 올리브와 포파이를 돕지요. 그리고 '지
프'라는 소리를 냅니다. 당시 군인들은 이 영화를 매우 좋아했어요. 유
진이 내는 'jeep'라는 소리도 크게 유행했지요. 그 인기가 너무 대단해
지프가 GP를 대신하게 되었답니다.

이 만화 영화는 한국에서도 대단한 인기를 끌었지요. 한 남자 연예
인은 자기 별명을 '포파이'라고 붙일 정도였죠. 아이들도 마찬가지였
어요. 주제 음악을 시도 때도 없이 흥얼거리고, 시금치를 먹는 시늉을

하고, 팔을 구부려 없는 알통을 애써 만들어 보이기도 했지요. '포파이'처럼 온갖 부정에 맞서 싸우는 정의감을 보이기도 했어요. 오늘날 한국 사회를 돌아보면 그 시절이 더욱 그리워지는 건 왜일까요?

리무진이 원래는 오픈카였다고?

리무진limousine은 크게 두 가지 유형의 차량을 가리킵니다. 하나는 '운전석과 뒷좌석 사이를 유리로 분리한 호화로운 대형 승용차'고, 다른 하나는 '공항 여객을 나르는 버스'입니다. 전자의 의미로 사용된 것은 1930년대부터, 후자의 의미로 사용된 것은 1970년대 초반부터예요.

우리에게 익숙한 것은 후자죠. 공항을 갈 때 대부분 리무진을 탄 경험이 있을 겁니다. 호화로운 대형 승용차인 리무진을 타 본 사람은 많지 않겠죠. 서양에서도 이 차는 국가 요인, 세계 부자 등이 타는 차로, 영화와 드라마에서나 볼 수 있지요.

리무진의 어원은 프랑스 남서부의 지방 이름인 리무쟁Limousin이에요. 리무쟁에서 첫 글자를 소문자로 쓰고, 끝에 -e를 붙이면 형용사 리무진limousine이 되지요. 이 리무진이 어떻게 길고 화려한 자동차를 가리키게 되었는지에 대해서는 두 가지 학설이 있어요. 모두 자동차와 관련된 이야기이지요.

《프랑스 어원 사전》에 따르면, 리무진은 처음에 옛날 프랑스 리무젱 지방의 양치기들이 즐겨 입던 망토를 지칭하던 말이라고 해요. 19세기 말에 덮개가 있는 자동차가 이 지방의 망토를 닮았다 하여 그렇게 불렀다는 겁니다. 실제로 리무진이라고 불린 최초의 자동차는 뒤에만 창문이 있고 바람막이용 전면 유리를 제외하면 앞은 열려 있었다고 해요.

이 차를 개발한 샤를 장토Charles Jeantaud가 리무젱 지방의 주도인 리모쥬Limoges 출신이기 때문에 그렇게 불렀다고도 해요. 장토는 1881년 마차에 전기 모터를 다는 데 성공했던 사람입니다.

리무진 이야기는 이 정도로 하고, 자동차 이름에 관련된 이야기만 조금 더 하지요. 서양에서는 자동차를 개발하면 그 자동차에 개발자의 이름을 붙여 주는 게 관행이에요. 우리에게 잘 알려진 르노Renault, 페라리Ferrari, 크라이슬러Chrysler 등이 그런 예이지요. 한국에서는 이러한 관행을 찾아볼 수 없어요. 프린스Prince, 다이너스티Dynasty, 로얄 살롱Royal Salon처럼 거창하거나 아반테Avante, 쏘나타Sonata처럼 자동차와 아무런 연관이 없는 이름도 많지요. 우리도 이제 새로 개발한 자동차에 개발자 이름을 붙여 주고 그 차를 오랫동안 기억하는 아름다운 전통을 만들어 보면 어떨까요?

빨치산과 빨간색은 전혀 관련이 없다?

|

partisan
빨치산

프랑스어 '파르티잔'은 우리나라에 정착하는 과정에서
발음이 심하게 변형되어 '빨치산'이 되었답니다.
'게릴라 투사'라는 의미이지요. 많은 이들의 생각과 달리
'빨치산'은 어원상으로 빨간색과 관련이 없답니다.

외국어가 외래어로 정착하는 과정에서 발음이 특히 심하게 변형되는 경우가 많아요. 프랑스어 '파르티잔partisan'을 '빨치산'으로 부르는 것도 그런 경우에 속하지요. 파르티잔의 어원은 '당파의 일원'을 뜻하는 고대 이탈리아어 파르티지아노partigiano예요. 이것이 중세 프랑스어 파르티잔partisan으로 변화했다가, 러시아에서는 '파르티잔partizan'이, 우리나라에서 '빨치산'이 되었죠. 즉 '파르'가 '빨'이 되고, '티'가 '치'가 되고, '잔'은 '산'이 된 거예요.

'게릴라 투사'라는 의미로 처음 쓰인 때는 1692년이라고 알려져 있지요. 우리에게 잘 알려져 있는 게릴라guerilla는 빨치산 활동을 지칭하는 에스파냐어예요. 빨치산은 노동자, 시민, 농민 등으로 조직된 비정규군으로, 적의 배후에서 통신과 교통수단을 파괴하거나 무기와 물자를 탈취하고 인원을 살상하지요. 파르티잔 활동은 지역 주민의 협조나 지원 없이는 수행할 수 없고, 지리나 지형에 밝아야 가능해요.

한국에서는 남조선 노동당의 활동이 불법화되면서 지리산 등 산악 지역에 몰래 숨어 들어간 공산당 지지자들이 조직한 게릴라를 가리키는 말로 쓰였어요. 이들은 6·25전쟁이 끝난 뒤에도 부분적으로 활동하다가 1950년대 말에 완전히 소탕되었답니다.

옛날에는 수영복 때문에
죽는 사람도 있었다?

bikini
비키니

초창기 수영복은 외출복과 별 차이가 없었습니다.
물을 빨아들이면 무거워져서 물에 빠져 죽는 사람도 있었어요.
이 때문에 수영복은 점점 더 간편해졌고,
신체 부위를 최소한으로 가린 비키니가 탄생했어요.

중세 사람들은 몸에 물을 적시는 것을 극도로 꺼렸어요. 여기에는 두 가지 이유가 있었지요. 당시에는 수질이 좋지 않아 자칫하면 피부병에 걸리기 쉬웠어요. 또한 성직자들이 신체의 노출을 가능한 한 자제하라고 권유했지요. 어떤 사람은 자신의 두터운 신앙심을 보여 주기 위해 몇 달 동안 몸을 씻지 않았다고도 해요.

세월이 흘러 19세기에 유럽 의사들은 우울증을 치료하는 한 방법으로 수영을 권유하기 시작했어요. 수 세기 동안 온몸에 물을 적시는 것을 극도로 꺼리던 사람들은 이때부터 서서히 물에 들어가기 시작했지요.

그런데 사람들에게 새로운 고민이 생겼어요. 옷이 너무 불편했거든요. 초창기 수영복은 외출복 디자인을 모방했어요. 여성 수영복은 목에 깃이 달려 있고 팔꿈치까지 오는 소매가 달린 상의, 무릎까지 내려오는 스커트와 검은 스타킹으로 구성된 하의, 삼베로 만든 굽이 낮은 운동화가 표준이었어요. 이를 갖추고 물에 들어가는 많은 사람들이 수영을 즐기기도 전에 물속에서 허우적거렸어요. 제1차 세계 대전 직전에 몸에 붙는 원피스 형태로 바뀌었지만 여전히 소매가 달려 있었고 길이도 무릎까지 내려와 불편했지요. 1930년대에 들어와서야 맨살이 드러나는 부분이 많아졌고 마침내 투피스 형태의 수영복도 등장했어요.

수영복 역사에서 가장 획기적인 사건은 바로 비키니bikini의 등장이지요. 1947년 프랑스 디자이너 루이 레아르는 자신이 개발한 수영복이 신체 부위를 최소한으로 가린 옷이라는 것을 강조하기 위해 '르 미니 몸Le minimum'라고 명명했어요. 1947년 7월 5일 파리에서 그가 수영복을 발표할 때 사람들은 그 대담함에 놀랐지요. 어떤 사람은 당시 모든

◆◆◆
미국 핵 실험의 역사적 장소였던 비키니 섬은 이제 여성 수영복의 상징으로 자리 잡았답니다.

언론의 '주요 이슈'였던 비키니에 비견할 만하다고 해서 '비키니'라고도 불렀어요.

비키니는 1946년 7월 1일 미국이 핵 실험을 한 태평양의 마셜 제도의 환초 이름이에요. 당시 프랑스 언론은 이 실험의 1주년을 맞아 '비키니'라는 이름을 거론 중이었지요. 루이 레아르는 자신의 수영복이 '르 미니몸' 대신에 '비키니'라고 불리는 것에 큰 불만이 없어 내버려 두었다고 하네요.

1964년에는 '모노키니monokini'라는 말도 생겼어요. 이것은 비키니의 비bi를 '둘'이라고 생각하고 '하나'를 의미하는 모노mono-로 대신한, 잘못된 말입니다. 이러한 오해는 계속되어 1967년에는 트리키니trikini라는 용어까지 생겼어요. 실제로 아직도 '비키니에서 bi를 '둘'이라고 생각하는 사람들이 상당히 많아 안타깝습니다. 이런 말을 들을 때마다 "모르면 용감하다."라는 말이 생각나요. 여러분, 언어에도 생명이 있어요. 언어는 중요한 문화의 일부분이면서 '사고의 집'인 만큼 함부로 만들어 내서는 안 됩니다.

손수건 두 장이 브래지어의 시작?

비키니는 브래지어와 팬티의 형태로 이루어지죠. 흔히 브래지어 brassiere를 '브라자'라고 발음하는데, 이것은 일본식 발음이에요. '브 래지어'나 '브라'라고 하는 것이 좋아요.

브래지어는 20세기 초 프랑스어 브라시에르brassière를 본떠 만든 말이에요. 브라시에르는 13세기에 생긴 말로, 본래 '몸에 착 달라붙 는 여성용 내의'를, 19세기 중반에는 '고운 천으로 만든 긴 소매가 달린 짧은 유아용 옷'을, 20세기 초반부터는 오늘날처럼 '여성의 가 슴을 덮는 일종의 속옷'을 지칭하게 되었어요.

오늘날 브래지어는 어떻게 생긴 걸까요? 약 100년 전으로 거슬러 올라가 볼까요? 1910년대 초반 미국의 사교계 여성이 새로 산 옷을 입고 연회장에 갈 준비를 하고 있었어요. 그런데 막상 새 옷을 입고 보니 가슴이 너무 훤히 비쳤어요. 궁여지책으로 손수건 두 장을 묶 어 가슴을 가렸지요. 파티에 모인 사람들은 그녀의 이런 기발한 착 상에 지대한 관심을 보였어요. 이 여성은 여기에서 착안해 1914년 미국 특허청에 디자인 특허를 냈습니다. 하지만 장사 수완이 별로 없어서인지 큰돈을 벌지 못했고, 어느 한 회사에 그 특허를 헐값으 로 팔아 버렸다고 해요. 그것이 오늘날 브래지어가 된 것이랍니다.

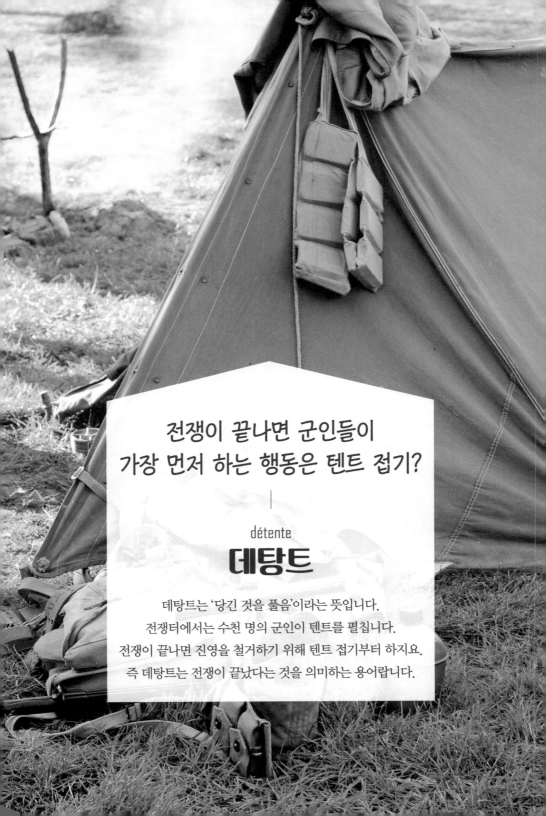

전쟁이 끝나면 군인들이
가장 먼저 하는 행동은 텐트 접기?

détente
데탕트

데탕트는 '당긴 것을 풀음'이라는 뜻입니다.
전쟁터에서는 수천 명의 군인이 텐트를 펼칩니다.
전쟁이 끝나면 진영을 철거하기 위해 텐트 접기부터 하지요.
즉 데탕트는 전쟁이 끝났다는 것을 의미하는 용어랍니다.

데탕트détente는 '적대 관계에 있던 진영이나 국가들 사이에 긴장이 풀려 완화된 분위기 혹은 그것을 지향하는 정책'을 말합니다. 한국어로 말하자면 '긴장 완화'겠지요. 여기서 말하는 긴장은 군사적 대립이에요. 마치 남한과 북한이 총부리를 겨누고 있는 상황처럼 말입니다. 어원상으로 이 단어는 야영장에 치는 텐트tent와 관련이 있어요. 어원은 라틴어 텐데레tendere예요. '잡아당기다'라는 뜻의 동사지요. 이 단어에서 텐타tenta라는 명사가 나왔지요. 텐타를 글자 그대로 해석하면 '뭔가 당겨진 것'이라는 뜻이에요. 12세기에 이 텐타에서 고대 프랑스어 탕트tente가, 14세기경에 영어 텐트tent가 생겼죠.

텐트를 사용하는 사람들은 주로 군인이었을 거예요. 한번 상상해 보세요. 전쟁 중에는 여기저기 옮겨 다니면서 잠을 잘 수밖에 없답니다. 자연스레 비나 이슬, 추위, 동물 등을 피하고자 큰 천의 네 모퉁이를 당겨 고정시키고 그 밑에 들어가 자는 사람들이 있었겠지요. 이게 아마 텐트의 초창기 모습일 겁니다. 전쟁터는 수천 명의 군인이 펼친 텐트로 거대한 진영을 이룹니다. 멀리서 이러한 모습을 보면 절로 군사적 '긴장'이 느껴지지요.

다시 어원으로 돌아가서, 텐데레 앞에 부정을 나타내는 데de-를 붙이면 데텐데레detendere, 즉 '텐트를 접다.'라는 의미가 되지요. 이 데텐데레의 과거 분사는 데텐디타detendita인데, 프랑스어 데탕트détente가 바로 여기서 파생했어요. 데탕트를 글자 그대로 해석하면 '당긴 것을 풀음'이라는 뜻이에요. '당긴 것'이란 천의 네 모퉁이를 고정시킨 줄이었겠지요. 이처럼 줄을 풀어 텐트를 접는다는 것은 전쟁이나 전투를 종료한다는 의미예요.

이 단어가 정치적으로 큰 의미를 지니게 된 것은 20세기 중반부터예요. 제2차 세계 대전 이후 미국 중심의 자본주의 진영과 소련 중심의 사회주의 진영이 팽팽히 맞서는 냉전 체제가 만들어졌어요. 1960년대 말이 되어서야 분위기가 변화하기 시작했지요. 서독과 일본의 급성장, 제3세계의 대두, 중국과 소련의 분쟁 등으로 국제 정치는 이념보다 자국의 실익을 우선하게 되었거든요. 또한 영국, 프랑스, 중국 등이 핵무기를 보유하면서 국제 질서는 양극 체제에서 다극 체제로 변하기 시작했어요.

1969년 미국은 닉슨 독트린(미국의 리처드 닉슨 대통령이 밝힌 아시아에 대한 외교 정책)을 발표하고, 1972년 닉슨이 모스크바와 베이징을 방문해 미국과 소련 간의 화해 분위기를 조성했어요. 유럽에서도 1970년 8월 서독과 소련이 불가침 협정을 맺고, 1973년 동독과 서독이 국제 연합에 동시에 가입함으로써 긴장 완화에 일조했지요. 1975년 7월 헬싱키에서 유럽 안보 협력 회의 35개국 정상회담이 열리면서 동서간의 데탕트는 절정에 달했습니다.

아직 완전한 데탕트는 이루어지지 않았어요. 여전히 국가들 사이에 갈등과 긴장이 존재하기 때문이지요. 남한과 북한의 완전한 데탕트는 언제쯤 이루어질까요?

전 세계에서 가장 카리스마 있는
인물은 누구일까?

charisma
카리스마

카리스마는 요즈음 많은 이들이 사용하고 있지만
고대에는 '신의 선물'이라는 의미로 성직자들이 주로 쓰는 용어였어요.
미국 존 에프 케네디 대통령을 언급할 때 기자들이
그의 뛰어난 리더십을 표현하기 위해 이 용어를 자주 사용하자
일반 대중들에게 널리 알려지기 시작했지요.

인터넷에서 '카리스마charisma'를 검색해 보면, 히딩크 전 대표 팀 축구 감독, 전두환 전 대통령, 배우 최민수, 대처 전 영국 수상, 김연아 선수 등 다양한 사람이 나와요. 이렇게 다양한 인물과 직종을 연관시켜 쓰는 카리스마의 진짜 의미는 무엇일까요?

카리스마는 본래 신학과 관련해서 쓰이던 말이에요. 그리스어 카리스마kharisma의 의미는 '신의 선물' '신의 은총'이었지요. 이 말은 50년에서 62년 사이에 사도 바울이 쓴 편지에 처음 나온다고 합니다.* 그는 카리스마를 '하느님의 은총이 담긴 선물'이라는 의미로 사용했다고 해요. '은혜'나 '호의'를 의미하는 그리스어 카리스charis에서 만든 것이지요. 카리스마는 라틴어 신학자들에 의해서 오늘날처럼 카리스마charisma로 옮겨졌죠. 하지만 3세기 말부터는 잘 쓰이지 않았어요.

20세기 초 이 단어를 부활시킨 사람은 독일의 사회학자 막스 베버였어요. 그는 자신의 저서 《경제와 사회》에서 카리스마를 비종교적인 의미로 처음 사용했어요. 1부에 다음과 같은 문장이 나와요.

'카리스마'라는 말은 한 개인의 특징에 적용될 것이다. 그는 그 특징 때문에 초자연적, 초인간적, 또는 적어도 특별히 예외적인 능력을 부여받은 뛰어난 사람으로 간주된다.

1947년 이전에는 이 책이 영어로 번역되지 않았는데도, 탤컷 파슨

---

* 존 포츠 지음, 이현주 옮김, 《카리스마의 역사》 더숲 2010, pp. 24~25

스 같은 여러 학자들이 이 용어에 대해 논의해 왔어요. 1950년대에는 문학 비평에서도 사용되었지요.

이 단어가 일반 대중에게 널리 알려진 것은 1960년 존 에프 케네디가 대통령으로 당선되면서부터예요. 기자들이 이 용어를 케네디 대통령과 관련해 자주 사용했거든요. 당시 카리스마의 의미는 '백악관이 만든 종교화된 리더십'이었지요. 리더십을 갖춘 케네디는 "국가가 당신을 위해 무엇을 해 줄 것인가를 기대하지 말고 당신이 국가를 위해 무엇을 할 것인가를 생각하라."라고 말하면서 미국 국민에게 충성을 요구했고, 이 말로 진정으로 카리스마 있는 사람이 되었습니다. 이러한 그의 리더십은 크게 화제가 되어 《케네디 리더십》 등 수많은 책이 출간될 정도였죠.

현재는 카리스마가 목사, 영화배우, 운동선수, 장군, 작가 등 유명 인사에게 주로 쓰이고 있어요. 일부 사람들은 이런 현상으로 카리스마의 의미가 세속화되었고, 따라서 고유의 의미를 잃은 것이라고 걱정하기도 한답니다.

스카치테이프는 스코틀랜드가 아니라
미국에서 발명되었다?

Scotch tape
스카치테이프

'스카치'는 스코틀랜드 사람들을 무시하는 표현이에요.
생산 단가를 낮추기 위해서 접착 부분을 줄인 꼼수를 부린 미국 3M 회사의
테이프를 써 본 도색공이 '스카치테이프'라고 부른 것도 그 이유 때문이지요.
구두쇠 스코틀랜드인에 빗대어 표현한 것이지요.

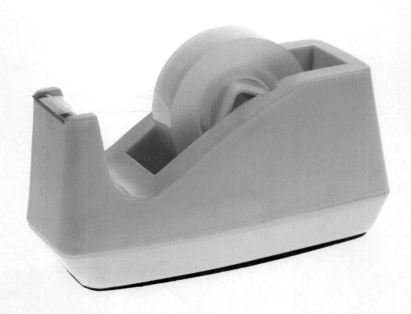

옛날 사람들이 글을 쓸 때면 붓(筆), 먹(墨), 종이(紙), 벼루(硯)를 반드시 갖추어야 했지요. 이 중 어느 하나라도 없으면 글을 쓸 수가 없었기에 이 네 가지를 '글 쓰는 방의 네 친구', 즉 문방사우文房四友라고 했어요. 중국에서는 이것들을 보물로 여겨 문방사보文房四寶라고까지 했대요.

오늘날에는 붓, 먹, 벼루가 볼펜이나 연필로 대체되었으니 '문방이보文房二寶'라고 할 수 있겠네요. 어쩔 때는 컴퓨터 하나면 족하니 '문방일보文房一寶'라고 할 수도 있겠고요. 문방사보, 문방이보, 문방일보……. 우리가 얼마나 빠른 변화 속에서 살아가는지를 다시 한 번 생각해 보게 됩니다.

여러분의 책상에는 어떤 물건들이 있나요? 연필이나 볼펜과 같은 필기구는 기본일 테고, 지우개, 풀, 자, 스카치테이프 등도 있을 겁니다. 누구나 알고 있듯이 스카치테이프Scotch tape는 접착용 투명 테이프를 말하지요. 테이프tape는 고대 영어 태페tæppe에서 온 것으로, '묶거나 길이를 잴 때 사용하는 가늘고 긴 천 조각'을 가리키던 말이에요. 스카치Scotch는 어디서 온 말일까요? 이 말이 왜 테이프 앞에 붙게 된 것일까요?

스카치는 스코틀랜드Scotland와 관련이 있습니다. 스코틀랜드라는 명칭은 '스콧(Scot) 족의 땅(land)'이라는 말이죠. 스콧족은 5~6세기에 아일랜드로 옮겨 와 스코틀랜드에 정착했다고 합니다. 스코틀랜드는 잉글랜드, 웨일스, 북아일랜드와 더불어 영국을 구성하는 나라지요. 스코틀랜드가 영국의 영토가 된 지도 벌써 300년이 넘었어요. 아직도

두 국가 사이에는 뿌리 깊은 반감이 남아 있지요. 2014년 9월에 치러진 스코틀랜드 독립 투표만으로도 충분히 짐작할 수 있어요. 유권자 410만 명 중 362만 명이 참여한 투표는 찬성이 44.7%, 반대가 55.3%로 부결되었지만 독립파는 상당한 지지표를 얻었고 결과적으로 스코틀랜드는 더 많은 자치권을 얻어내고자 노력할 것으로 보여요.

양측의 반감은 언어 사용에도 그대로 나타나고 있어요. 본래 스코틀랜드에 해당하는 형용사는 스코티시Scottish지만 스카치도 써요. 이 형용사는 1590년대 만들어진 것으로, 잉글랜드 사람들은 이 형용사를 사용해 스코틀랜드 사람을 무시하는 표현들을 많이 만들었어요.

그중 하나가 스카치테이프인데, 이 표현은 1926년 두 가지 색상의 새로운 자동차 모형을 개발하는 과정에서 생겨났어요. 도색공은 두 가지 색이 만나는 부분을 깨끗하게 처리하기 위해 미국 미네소타 주에 있는 회사인 3M이 만든 보호 테이프를 사용했어요. 지름 5cm인 이 접착테이프는 큰 힘을 들이지 않아도 자동차 표면에 잘 들러붙었지요. 그런데 3M사는 테이프의 생산 단가를 낮추기 위해 접착제를 테이프 전체가 아니라 가장자리에만 발랐어요. 이렇게 되면 테이프가 잘 떨어져 가장자리를 매끈하게 처리할 수가 없었죠. 이에 화가 난 도색공은 3M 대리점에 "이 스카치테이프는 당신 구두쇠 사장에게 돌려주고, 접착제를 테이프의 가장자리가 아니라 전체에 발라서 공급하라."라고 소리쳤지요. 도색공이 홧김에 한 이 말이 미국산 테이프에 영원히 달라붙어 버렸던 거예요.

뷔페는 원래
해적들의 식사 방법이었다?

---

buffet

뷔페

9세기부터 활약한 해적 바이킹은
항해를 하는 동안 제대로 먹지를 못했어요.
이에 피로에 지친 남편, 아버지들이 돌아오면
바로 식사를 할 수 있도록 가족들은 해안에다 음식을 올려 둔
긴 탁자를 배치했다고 해요. 바로 오늘날 뷔페의 기원이지요.

긴 탁자 위에 음식을 벌여 놓고 손님이 원하는 대로 골라 먹게 하는 식당을 '부페'라고 하지요. 이 단어의 정확한 발음은 '뷔페buffet'입니다. '부패腐敗'한 음식을 먹으러 가는 게 아니니까요.

이 단어의 어원은 분명치 않아요. 어원 사전에 따르면, 뷔페는 12세기 초반에 생긴 프랑스어라고 합니다. 13세기 말에는 '식탁'이라는 의미로 쓰이다가 차츰 '찬장'이나 '식기대'라는 의미로 19세기 말에는 '찬장에서 꺼내 차려 놓은 음식'이라는 의미로도 쓰였다고 합니다.

뷔페는 9세기에서 11세기까지 활약한 바이킹과 관련이 있어요. 일본에서 뷔페를 '바이킹'이라고 부르는 것은 이러한 역사를 고려한 것이지요. 바이킹은 8세기 말부터 11세기까지 스칸디나비아를 떠나 영국, 프랑스, 러시아 등지를 무대로 약탈을 일삼았던 민족이에요. 885년에는 수백 척의 배를 이끌고 프랑스 센 강을 거슬러 올라가 파리까지 침공했지요. 이들은 수개월간 센 강 위에 머물며 파리를 집요하게 위협했습니다. 당시 통치자였던 샤를 3세는 그의 별칭인 단순왕Charles le Simple답게 이 문제를 아주 '단순하게' 처리해 버렸어요. 바이킹이 한겨울만 내륙 지방을 약탈하고 다음 해 봄에는 돌아간다는 조건과 함께 전별금까지 주면서 강화 협상을 했지요.

하지만 바이킹의 침공은 이후에도 계속되어, 이를 막기 위해선 센 강 주변에 방어벽을 쌓아야 했습니다. 우리에게 잘 알려진 루브르 궁전도 이 바이킹의 침략을 막기 위해 축조한 것이에요. 하지만 그마저도 힘들었던 프랑스는 911년 프랑스 북부 일부를 바이킹의 수장인 롤론에게 떼어 줍니다. 당시의 왕 역시 샤를 3세였지요. 그러나 바이킹은 이후에도 영토를 조금씩 확대해 서쪽에 있는 몽생미셸까지 넓힙니다.

이곳에 정착한 바이킹은 프랑스 여성과 결혼해 정착 생활을 시작해요. 이 둘 사이에서 태어난 아이들은 아버지의 언어를 버리고 어머니의 나라인 프랑스의 언어와 문화를 익힙니다. 이들이 그에 얼마나 잘 동화했는지는 바이킹어의 흔적이 그들의 본고장인 노르망디에서조차 지명 몇 개를 제외하고는 거의 남아 있지 않다는 사실로 잘 알 수 있어요.

대표적인 예가 '뷔페'이죠. 사실 뷔페는 스뫼르고스보르드smörgåsbord라고 불렸어요. 여기서 스뫼르고스smörgås는 '버터'를 의미하는 스뫼르smör와 '거위'를 의미하는 고스gås의 합성어이고, 보르드bord는 '탁자'를 의미합니다. 바이킹이 먼 길을 떠났다가 돌아올 때쯤이면 그 가족들은 해안에다 긴 탁자들을 일렬로 배치하고 그 위에 각자가 준비해 온 음식을 올려놓았다고 해요. 오랫동안의 항해로 제대로 먹지도 못하고 피로에 지친 아버지 혹은 남편이 돌아오자마자 바로 식사를 할 수 있도록 한 가족들의 배려였지요. 탁자 위에는 버터 바른 빵, 풍부한 조미료, 맛있는 과일, 따뜻한 고기와 차가운 고기, 연기에 구운 생선과 소금에 절인 생선, 달걀, 샐러드, 치즈 등이 올랐다고 하네요.

이러한 식사 방식은 10세기 초 바이킹들이 프랑스 북부 노르망디Normandie 지방에 옮겨 와 살게 되면서 프랑스로 전해졌어요. 그러면서 식사 방식을 일컫는 말 또한 프랑스어인 뷔페로 바뀐 것이죠. 참고로 노르망디는 '북쪽(north)'과 '사람(man)'를 붙여서 만든 합성어인데, 여기서 말하는 북쪽 사람이란 바로 바이킹을 가리킵니다.

　1066년에 노르망디 공작인 기욤은 영국을 정복하고 그곳의 왕이 됩니다. 이후 300여 년 동안 대부분의 영국 왕과 귀족들이 프랑스어를 사용했지요. 영어는 1399년 헨리 4세가 왕위에 오르고서야 부활한 것이랍니다. 그동안 영어와 프랑스어는 자연히 섞였지요. 영어가 라틴어나 스칸디나비아어에서 수많은 어휘를 받아들이게 된 것은 바로 이때의 앵글로-스칸디나비아어와 고대 프랑스어 간의 교류 과정이 있었기 때문이랍니다.

　뷔페가 미국 저녁 식사 형태로 유행하기 시작한 것은 20세기 초반이에요. 18~19세기에 스웨덴에서 미국으로 이민 간 사람들 덕분이었지요. 1930년대에 일부 뷔페는 수십 가지 다양한 음식을 차려 놓고 50센트로 '여러분이 먹을 수 있는 모든 것All you can eat'이 있다고 선전까지 했어요.

　이후 뷔페는 미국 사람들의 독립심과 실용주의가 한몫해 미국 전역으로 확산되었어요. 미국 사람들은 남의 손을 빌리는 것을 사치로 여기는 데다 긴 점심으로 자기의 소중한 시간을 뺏기는 것을 원치 않았기 때문에, 직접 자기가 원하는 음식을 알아서 갖다 먹도록 한 뷔페를 선호했지요. 제2차 세계 대전 이후 뷔페는 미국의 경제력을 발판으로 전 세계로 확산되어 오늘날 우리나라에도 들어왔어요.

　뷔페는 세계 여행을 참 많이 한 단어이지요? 식사 방식은 스칸디나비아 지방에서 유래했는데, 단어는 프랑스어에서 빌려 왔고, 전 세계로 유행하게 된 계기는 미국에서 찾아야 하니 말이에요.

왜 돼지의 어원은 영어이고,
돼지고기의 어원은 프랑스어일까?

영국 왕실에서 프랑스어를 사용하면서 재미있는 언어 현상이 나타나기도 했어요. '소'는 영어로 카우cow나 옥스ox라고 하지만 '쇠고기'는 비프beef라고 하지요. 여기서 카우나 옥스는 영어이고, 비프는 프랑스어 뵈프bœuf에서 나온 말입니다. 돼지도 마찬가지죠. '돼지'는 영어로 피그pig라고 하지만, '돼지고기'는 포크pork라고 하지요. 여기서 피그는 영어이고, 포크는 프랑스어 포르porc에서 온 말이에요.

왜 이러한 현상이 일어났을까요? 그 이유는 소나 돼지를 키우는 사람은 앵글로·색슨계 사람들이었고, 그것으로 만든 요리를 먹는 사람은 프랑스어를 쓰는 왕이나 귀족이었기 때문이지요. 이러한 언어 현상 때문에 오늘날 사람들이 무의식으로라도 프랑스어를 고귀하게 생각하는 것 같아요.

세계인들이 즐겨 입는 청바지가
원래 광부들의 작업복이었다고?

jeans
청바지

청바지는 천막 천을 제대로 팔지 못해
파산 위기에 처한 자영업자가 술집에 갔다가 우연하게
광부들의 이야기를 듣고 만든 것이랍니다.
처음에는 광부들만을 위한 옷이었지만
이제는 전 세계에서 사랑받는 옷이 되었죠.

인류의 문명사를 살펴보면 뜻하지 않게 성공한 경우가 적지 않아요. 청바지jeans도 여기에 속해요. 납품 경로가 막혀 깊은 시름에 빠졌던 한 천막 상인의 기발한 발상으로 등장한 것이니까요.

이 우연한 발견의 주인공은 리바이 스트라우스Levi Strauss예요. 그는 1829년 독일 바이에른 주에서 태어났어요. 1845년 아버지가 결핵으로 세상을 떠나자 그는 어머니와 함께 미국 뉴욕으로 이주를 했지요. 다행히도 먼저 이주한 이복형이 포목상을 운영하고 있어 그 밑에서 일할 수 있었지요.

리바이는 미국 서부 캘리포니아의 금광 소식을 듣고 광부들에게 생필품을 팔 생각으로 그곳으로 갔어요. 1853년 1월 미국 시민권을 취득한 리바이는 샌프란시스코에 자신의 이름으로 된 포목 상점을 열고, 이복형이 뉴욕에서 보내 준 물건들을 받아서 팔았지요. 어느 날 군납 알선업자가 대형 천막 10만 개 납품이라는 파격적인 제안을 했어요. 뜻밖의 큰 행운을 잡은 리바이는 즉시 빚을 내어 생산 공정에 들어갔고, 공장과 직원까지 늘려 밤낮으로 일한 덕에 3개월 만에 주문량을 맞출 수 있었어요. 그런데 얼마 뒤 문제가 생겼어요. 납품업자의 사정으로 납품 유통이 막혀 버렸던 것이지요. 리바이는 산더미처럼 쌓인 천막 천을 헐값에라도 팔아 밀린 빚과 직원들의 월급만이라도 해결하고 싶었으나 엄청난 양의 천막을 사 줄 사람을 찾기란 불가능했어요.

고민에 빠진 그는 어느 날 주점에 들렀다가 뜻밖의 광경을 목격했어요. 어두운 불빛 아래 금광촌 광부들이 옹기종기 모여 앉아 해어진 바지를 꿰매고 있었던 거예요. 그것을 본 리바이는 '질긴 천막 천을 쓰

면 좀처럼 해지지 않을 텐데.'라는 생각이 들어 이를 바로 실천에 옮겼
어요.

일주일 후 골칫거리였던 천막 천을 산뜻한 바지로 탈바꿈시켜 시장
에 선보였어요. 바지는 곧 날개 돋친 듯 팔려 나갔지요. 리바이는 바지
를 청색 물감으로 채색했는데, 그 이유는 광산에 서식하는 방울뱀이
가장 싫어하는 색깔이었기 때문이에요. 바지 주머니 가장자리에는 철
단추를 달았는데, 그 이유는 광부들이 금광석을 주머니에 넣었을 때
잘 해지지 않도록 하기 위해서였어요.

'푸른색의 잘 닳지 않는 바지', 즉 청바지는 실용성을 인정받아 광부
들뿐만 아니라 일반인들에게까지 엄청난 인기를 끌었고, 출시한 지 3
년 만에 지구촌 곳곳에서 유행하기 시작했어요. 이렇게 해서 일확천
금을 거머쥔 리바이는 성공한 사업가 반열에 오를 수 있었답니다. 미
국의 유명한 청바지 상표 리바이스Levi's도 바로 리바이에서 나온 것이
에요.

청바지를 왜 진즈jeans라고 부를까요? 그것은 청바지를 만드는 올이 가는 능직 면포인 진jean의 원산지 이름에서 유래한 것이에요. 진의 원산지는 이탈리아 북서부 항구 도시 제노바Genova인데, 고대 프랑스어에서는 이 도시를 잔Jannes이라고 했고, 진은 여기에서 비롯된 것이에요. 데님denim도 지명에서 나왔어요. 드de-와 님Nîmes을 붙여서 만든 것으로, '드'는 영어의 of에 해당하는 전치사이고, '님'은 면직물 생산지로 유명했던 프랑스 남부 도시 이름이지요.

리바이의 일화에서 얻을 수 있는 교훈은 '하늘이 무너져도 솟아날 구멍이 있다.'라는 거예요. 요즘 학업, 진로 등으로 고민하는 여러분에게 이 일화가 조그만 위안이 되기를 바라요.